大发词威：

你这么会说话❓
有意思吗❓

刘琦　林晗 ◎ 著

西南财经大学出版社
Southwestern University of Finance & Economics Press

图书在版编目(CIP)数据

大发词威:你这么会说话有意思吗?／刘琦,林晗著.—成都:西南财经大学出版社,2016.9
ISBN 978-7-5504-2414-2

Ⅰ.①大… Ⅱ.①刘…②林… Ⅲ.①职业选择—语言艺术—通俗读物
Ⅳ.①C913.2-49②H019-49

中国版本图书馆 CIP 数据核字(2016)第 093395 号

大发词威:你这么会说话有意思吗?
刘琦　林晗　著

图书策划:亨通堂文化
责任编辑:李　才
特约编辑:孙明新
封面设计:李尘工作室
责任印制:封俊川

出版发行	西南财经大学出版社(四川省成都市光华村街55号)
网　　址	http://www.bookcj.com
电子邮件	bookcj@foxmail.com
邮政编码	610074
电　　话	028-87353785　87352368
印　　刷	四川五洲彩印有限责任公司
成品尺寸	165mm×230mm
印　　张	17
字　　数	165 千字
版　　次	2016 年 9 月第 1 版
印　　次	2016 年 9 月第 1 次印刷
书　　号	ISBN 978-7-5504-2414-2
定　　价	38.00 元

版权所有,翻印必究。

>
>
> 序言

言之五味，人生必备

有些人特别会说话。

什么叫会说话？出口成章，字字珠玑，算不算？算。能言善辩，舌战群儒，算不算？算。语出惊人，剑走偏锋，算不算？算。旁征博引，左右逢源，算不算？算。都算。

出口成章，是学会了语言之"顺"；能言善辩，则理解了语言之"通"；语出惊人，发现语言之"新"；旁征博引，展示语言之"广"。这些本事都很厉害，足够行走江湖扬名立万，非高手不能为。

不过，这最多也只能算会说话而已，还远远谈不上"特别"会说话。会这些本事，最多也只能算高手而已，还远远达不到"华山论剑"的绝顶境界。所谓"练武不练功,到老一场空",这些"顺""通""新""广",再怎么练,也只能得到语言之"形",而难以触及语言之"神"。好比少林七十二绝技,不练《易筋经》都不咋地。

语言艺术,也有它的《易筋经》,其要诀与精髓都藏在一个字中。由形入神,完全依靠这一个字来打通。

这个字普普通通,再简单寻常不过。

诀云:形若很差,味同嚼蜡;有形无神,余味不深;神形兼备,言而有味。

没错,就是这个"味"!

词句反映事实,语言构建世界。言而有味,此味其实源自丰富多彩的人生况味。

十月怀胎,一朝分娩,人生况味始于这一个"分"字。分,意味着独立,意味着不同及区别。生者,进也,象征着草木出于土上。要成长,要变化,女大十八变,好男儿志在四方;有转有折,时顺时逆——这是"变"。

顺流逆流,五湖四海,漂泊的船儿终要靠港。航行需要港湾和灯塔,人生需要指引与结论。知止,而后有定;定,是人生况味的第三层。

红尘滚滚,岁月不居。定,只是局部的、暂时的均衡,不能持久。你我皆凡人,生在人世间,既然不是仙,难免有杂念。圣人能"存天理,灭人欲",凡人则只能"存天理,论人欲"。欲望都市,物欲横流,人生低俗何能免?多少忧虑待酒浇?人生在世,不能免俗,对于功名利禄一定会有所追逐；而在进退得失之间，自然有时也会需要宣泄、需要排解。如果不吐不快，何妨一吐为快？人生况味第四层，可以叫作"吐"。

熙来攘往，人情之常。人在江湖，对许多东西，固然免不了要去追求，但不能不抱一颗超越之心。人生需要追逐与宣泄，人生更要重建与升华。问君能有几多愁？恰似一江春水向东流。这话其实没有说完，后面还有一句：江流千里不回头，直挂云帆济沧海。

人体有新陈代谢，人生须吐故纳新。海纳百川，日新月异。人生况味第五层，谓之"纳"。

人生五况味，分、变、定、吐、纳。在具体的语言表达中，可以拿五个词来对应，就是：区分，变化，结论，宣泄，升华。

言之五味，人生必备。

凡事既要言之有理，又必须行之有效。为了把这五味通俗、实用、简明扼要地呈现出来，本书设计安排了六个章节展开讲述：以"帽"取人（区分）；神转折（变化）；标语万岁（结论）；狠低俗（狠、低、俗，有庸俗，有通俗）（宣泄）；比较感动（比较、感、动；分两章）（升华）。

那些特别会说话的绝顶高手，貌似都身负语言艺术的《易筋经》神功，一句话，甚至一个词，就能做到调和五味，普度众生。

当今中国排名第一位的公司，毫无疑问是有着全球竞争力的华为。华为创始人任正非先生，既是经营管理的领袖，又是语言表达的大师。"我们决不让雷锋吃亏。"这是一句看起来平淡无奇的话，但是任正非却拿它作为一个极为重要的核心观念，对着几代华为人，讲了二十多年，一直到今天还在讲。

看似平淡无奇，实则五味俱全。这好比内功练到极致，光华内敛，威力却深不可测，无所不在。

我们决不让雷锋吃亏。这句话有帽子吗？有（我们，雷锋）。有转折吗？有（雷锋——吃亏）。有结论吗？毫无疑问，有！俗不俗？有一点。有比较，有感情，有动作吗？貌似也都不少。

1992年的春天，邓小平同志在南方谈话中说"发展才是硬道理"，也是看似寻常的一句话，然而中国却凭这通俗易懂的七个字，奠基了高速发展的二十年。

一言既出，五味协同；号令天下，莫敢不从。再往前半个世纪，毛泽东主席只用五个字，就道出了立党立国的终极原则——"为人民服务"，可谓一言九鼎。

从语言艺术的角度看，五味如尺，可判高下。相比而言，国民党人掌控"言之五味"的能力，似乎显得逊色不少。且看最近这些年的情况。先是马英九在上任之初，提出一个"不统，不独，不武"的三不政策，只有否定，没有肯定，缺乏中心诉求与基本原则，单调乏味；后是这两年与民进党竞争，面对崛起的思想独立的新世代族群，国民党频频打出的居然是"你妈喊你回家去投票"（大意如此）的牌，简直是变味+串味，莫名其妙，彻底让观众无语。

语言无味，则面目可憎。从这一点看，国民党败选，也可以理解。

　　说到竞选，"马家军"倒不全是庸手，隔海相望就有一位叫奥巴马的，在"兵器谱"上，名列美国总统演讲力的第三名，算得上盖世豪杰、顶尖高手。2008年，奥巴马第一次赢得总统大选，他用了一个词——CHANGE。四年过后，奥巴马赢来连任，他又用了一个词——FORWARD。四年光阴，只多添了一个字母，佩服！

　　"马"之优劣，一言可决；言而有味，人生得意。

目 录
contents

第一章 以"帽"取人

前言：人人都是帽子控 / 002

第一讲：身份归属——吾乃汉将，安肯降吴狗乎！/ 007

第二讲：阵营划分——我是许旅长的人 / 014

第三讲：行为艺术——结硬寨、打呆仗 / 021

第四讲：搞个定语——我希望是一万年 / 028

职场实用指南之以"帽"取人 / 037

第二章 神转折

前言：我真的猜不透你啊 / 044

第一讲：制造错位——君恩深似海矣，臣节重如山乎 / 050

第二讲：声东击西——这里面到底有我没有啊 / 058

第三讲：半路换车——天啊，她去世两年了 / 065

第四讲：混搭妖娆——楼上花枝笑独眠 / 073

职场实用指南之神转折 / 081

第三章　标语万岁

前言：十年之内，把人类送上月球！ / 090

第一讲：一锤定音——你们的肥皂是尸体炼成的 / 095

第二讲：战略规划——CHANGE！ / 102

第三讲：战术指南——只打老虎，不拍苍蝇 / 109

第四讲：一针鸡血——念念不忘，必有回响 / 116

职场实用指南之标语万岁 / 123

第四章　"狠"低俗

前言：世界上没有什么事儿是一顿烧烤不能解决的 / 132

第一讲：关注八卦——谁在诱惑泰格·伍兹 / 137

第二讲：接地气——无论多悲伤，为了生活都得填饱肚子 / 144

第三讲：说人话——妪曰解，则录之；不解，则易之 / 152

第四讲：俗能生巧——五环，你比四环多一环 / 159

职场实用指南之"狠"低俗 / 167

第五章　比较感动（上）

前言：无比较，不成活；有比较，便疯魔 / 176

第一讲：制造反差——再嫁人也绝不会比你差！ / 180

第二讲：层层推进——国家不可一日无左宗棠 / 186

第三讲：破格对标——我的梦想和你的一样 / 194

第四讲：相提并论——天下英雄数咱俩 / 200

职场实用指南之比较感动（上）/ 209

第六章　比较感动（下）

前言：感人心者，莫先乎情 / 216

第一讲：感情滋润——现在、以前、将来都是我的朋友 / 220

第二讲：动作催化——桃花依旧笑春风 / 228

第三讲：感之以行——你今天还活着，日子就得这么过！ / 235

第四讲：动之以情——一旦山陵崩，长安君何以自托于赵？ / 242

职场实用指南之比较感动（下）/ 249

后　记　大风越狠，我心越荡 / 255

第一章 以"帽"取人

  乔峰素来于属下极有恩义，才德武功，人人钦佩，哪料到他竟是契丹的子孙。辽国和大宋的仇恨纠结极深，丐帮弟子死于辽人之手的，历年来不计其数，由一个契丹人来做丐帮帮主，真是不可思议之事。但说要将他逐出丐帮，却是谁也说不出口。一时杏林中一片静寂，唯闻各人沉重的呼吸之声。

——金庸《天龙八部第十六章·昔时因》

前言：
人人都是帽子控

基弗·萨瑟兰从不以温文尔雅著称，要想激起他的火爆脾气也非常容易——只需要在介绍他时，称他是"唐纳德·萨瑟兰（著名性格演员）的儿子"，或者"朱莉娅·罗伯茨（奥斯卡影后）的男友"，你会如愿以偿地看见他握紧的拳头和满头的青筋。

有来自家族的强大光环庇护，有全球闻名的美人依偎身旁，但时乖运蹇，进入好莱坞十余年，他充其量算是个三线演员。虽说参演过的影片数量并不算少，甚至不乏与杰克·尼克尔森、汤姆·克鲁斯等超级大咖①合作，但他依然是观众觉得依稀脸熟、名字隐藏在海报边缘的小角色。

---

① 原意为在某个地方或者某个领域里较为有钱、有能力。闽南语"大咖"本意为大角色，引申为在某一方面的达人。（百度·百科）——编者注

第一次转机发生在2001年,他决定出演福克斯电视台的剧集《24小时》,该片一炮而红,口碑爆表[1],基弗也因此告别绿叶身份,红遍美国东西海岸。

第二次转机发生在2006年。在这一年,福克斯电视台与他续签了之后三季的《24小时》的合约,片酬总共为4 000万美元,每集约55万美元,而让他一举成为全美收入最高的电视剧演员。最终他以2 300万美元的年收入跻身2006年福布斯名人榜前100(第68名)。

等等,我们错过了什么?为什么福克斯电视台突然改变了高冷的姿态,放弃了商人逐利的本色,甚至主动往基弗的口袋里大把大把地塞钞票?

只有一个原因:这一年,基弗获得了第58届艾美奖剧情类最佳男演员奖。

从此,媒体在称呼他时,只会敬畏于他的影帝身份,而不再略带嘲讽或不怀好意地提到他的父亲或前女友。这个昔日陷于穷途潦倒之境地而不得不寄住在萨拉·杰西卡·帕克(《欲望都市》女主角)家的年轻人,终于高傲地扬起了头。

作家、编剧王佩的话剧剧本《鱼眼》,于2014年在北京人艺上演。下面这段话是他的心声:

---

[1] 爆表原意是指仪表爆炸,通常指仪表指针超过表上所示的极限,即AQI超过500;形容某人特别牛、特别厉害。(百度·百科)——编者注

北京人艺是话剧界的金字招牌，在人们心目中，那是老舍、曹禺先生的领地，能够将自己的名字忝列其间，不但与有荣焉，而且对于拿下其余编剧的活有着实际的帮助。因为别人介绍你的时候就会省力很多，不是"这是编剧王佩，他曾经如何如何，他的作品有哪些哪些"，而是"这是北京人艺合作过的编剧王佩"。

"与北京人艺合作过"，是对王佩在迄今的职业生涯中所取得的最高成就之一的概括。此言一出，未曾听过王佩之名的人，对他也有了初步的认识和了解。

基弗·萨瑟兰也是如此。你或许对枪战、动作片毫无兴趣，甚至从不关注美剧，但是"艾美奖影帝"的名号足够响亮，响亮到你不得不对此人高看一眼。

本章前言中，江湖中人对于大侠萧峰的人品、武功、资历挑不出半点毛病，但得知萧峰是契丹人后，就算是他的铁杆粉丝，对于是否由他继续担任丐帮帮主一事，也面泛难色。

我们没有未卜先知的能力，而且谁也不会将个人简历随身携带，因此在自我介绍、朋友引荐或旁人议论时，我们习惯于用几个简短的词进行身份概括，而这些词，就相当于我们头上高高的帽子——某种程度上，它的重要性甚至胜过你的脸——隔得远远时，也要力求让人第一眼就看见。

此外，出于认识的迫切需要，给未知的人和事戴上帽子，将其归类并纳入已知的体系当中，化未知为已知，同样是我们的本能。

你面前摆着一瓶米酒模样的液体，瓶身上写满了鬼画符一样的外文字，你不知道这是什么，若是此时有人告诉你，这是瓶化妆水，那么它就戴着"往脸上抹的玩意儿"这顶帽子，进入了你的认知体系。你就算再渴，也知道它不能喝。

同理，俗话说"敌人的敌人是朋友"。只要知道某人和你的死对头素有嫌隙，你就算不知道他的身份、职业、住址门牌号，也不可避免地会对他多出些许亲近和信任之情。正如被狠狠打了一顿屁股的黄盖，戴着"我恨周瑜"的帽子投奔曹营，向来患有疑心病的曹操，根本不了解黄盖，却依然慷慨接纳了他。

这一章我们讲"以帽取人"。"帽子"是仓颉造字以来，人类所发明的最简捷的认识工具。它未必准确和可靠，但却节省了重复认识的时间，甚至作为广为认同的经验而流传：

明清时代，各级官僚只要有绍兴师爷佐幕，心里就感到安稳。有绍兴师爷在身边，甚至比骑汗血宝马还拉风，有道是"无绍不成衙"。"精干的智囊、杰出的代办"是绍兴师爷的帽子。

斯巴达人的崛起与灭亡，在历史上不过流星一瞬，但温泉关战役，以300勇士全部战死的代价，换取波斯大军超过2万人的性命。"勇猛善战"是斯巴达人的帽子。

一顶好帽子，就像拍照后加了层滤镜，让你的形象更趋完美；一顶坏帽子，如同沾在你衣服上的鸟屎，人人掩鼻避之。

帽子并不是精英分子、英雄豪杰的专利，身为普通人的你和我，同样离不开它。我们时刻准备着，要么给自己戴上帽子，要么将帽子赠给别人——说到底，我们每个人都是帽子控①。

---

① "控"源于英文单词complex(情结)的前头音(con)，日本人借用过来，按照日语语法形成"某某控"的语言景观重构，指极度喜欢某东西的人，喜欢的东西要冠在"控"字之前。(百度·百科)——编者注

第一讲：
身份归属——吾乃汉将，安肯降吴狗乎！

> ——先天帽涵盖了你与生俱来、被动赋予的所有属性，它们如同长在你锁骨旁的蝴蝶状胎记，是你一生都无法摆脱的身份标识。

公元 221 年夏，刘备为报吴国夺荆州、杀关羽之仇，亲率 70 万大军攻打吴国。

吴国拜陆逊为大都督，率 5 万大军相迎。陆逊判断：蜀军来势汹汹，气势如虹，且两军军力不成正比，故而选择避其锋芒，实行战略退却。

虽然蜀军始终向前，但行进速度缓慢，而且吴军巧妙地退出了崇山峻岭，在便于防守的平原地带驻扎。虽然蜀军占据了绵延数百里长的山地，但这就像是碗里的一块鸡肋，弃之可惜，食之无味。

吴军始终不出战，蜀军也无可奈何。两军相持，眼见树叶飘零，北风劲吹，这一年晃晃悠悠就到头了。

来年夏天，天气炎热，蜀军苦不堪言，渴望建功立业的雄心早就被酷暑晒没了。不得已，刘备只好命军队在深山密林中屯兵休整，等待天气转凉。但蜀军万万没想到的是：整整一年来，都表现得像缩头乌龟的吴军，忽然从壳里钻出来，开始咬人了。

蜀军的营寨就地取材，均由木栅筑成，周围又全是树林、茅草，一旦起火，就会连成一片。陆逊正是抓住这难得的地利，趁蜀军士气涣散时突然进攻。

在吴军火攻之下，蜀军御营左屯、右屯接连起火，火光连天，蜀军陷入慌乱状态，在仓皇逃命过程中，自相践踏而死者，不计其数。

刘备做梦也没想到，大部队败得如此突然。只好调转马头，仓皇撤退，逃到马鞍山时，发现"遍野火光不绝，死尸重叠，塞江而下"，不由得长叹一声，觉得大势已去。审时度势后，刘备决定向白帝城逃亡。在这关键时刻，别督傅肜自愿留下断后，挡住吴军先头部队。

作为一员猛将，傅肜此前已经击败了吴军将领淳于丹率领的五千人马，有他拼死在后方镇守，刘备放心退去。但此时蜀军军心已散，傅肜空有报国之心，却无回天之力。

过不多时，傅肜率领的断后部队，便被吴军重重围困。

吴军将领大声吓唬他："你们蜀兵差不多死光了，剩下的也都投降了。而且你们的主子刘备已经被我们活捉了。剩你一个光杆司令，还能翻出什么波浪，不如尽早投降算了。"

傅肜大怒，厉声喝道："睁开你的狗眼看清楚，我可是汉将，怎么会向你们这群吴狗投降。"这句话极大地激励了剩余的将士，他们挺枪纵马，又与吴军奋力死战了数百个回合，但寡不敌众，始终无法脱险。

傅肜最终吐血而死。后人感念他的勇猛和忠诚，在武侯祠东偏殿的东廊中，立下他的塑像，还写诗赞颂他道："彝陵吴蜀大交兵，陆逊施谋用火焚。至死犹然骂吴狗，傅肜不愧汉将军。"

傅肜此人，忠义节烈、武勇卓绝，但《三国演义》将星实在太多，他也只能混个"打酱油"的角色。即便如此，他还是有办法在有限的戏份里闪亮了一回——作为善用地图炮[①]的高手，一句"吴狗"不仅让对方张口结舌、恼羞成怒，也成功激起了蜀军同仇敌忾之情。

地图炮是个好武器，但发明者并不是傅肜。

傅肜之前，写下"史家之绝唱，无韵之离骚"的《史记》的司马迁，就在《货殖列传》里公然声称：种、代两地的人太好胜；中山人民脾气暴躁；临菑人喜欢躲别人背后放冷箭；

[①] "地图炮"原指《超级机器人大战》系列中的一种地图攻击类型的武器，后用于通称一些大规模杀伤性的武器或魔法。在网络上，"地图炮"引申含义为对某个群体进行言语攻击的行为，常指地域攻击者，或是以少数人的行为否定某个群体的行为。（萌娘·百科）——编者注

西楚人脾气大，易发怒火气旺；至于鲁人，哼哼，个顶个的俭啬鬼……

太史公笔力雄健，开启"群嘲"技能也是当仁不让的好手。短短几句话，不知得罪了多少人，若是换作现在，就算他是文坛"大V"，也会淹死在人民群众愤怒的唾沫星子里。

爱玩地图炮的，不只是古人，现代人同样如此。你或许还记得2014年，部分香港人蔑称内地人是"蝗虫"，引发了铺天盖地的争议。

文化差异并没有阻挡歪果仁[①]对地图炮的热爱，尤其在历史、地理乃至语言文化上都有千丝万缕联系的欧洲国家之间，抓住高邻的某个民族性，用无伤大雅的笑话来予以嘲笑，向来乐此不疲：

德国人这样形容奥地利人的虚荣：奥地利人的最大成就是让全世界都以为贝多芬是奥地利人、希特勒是德国人。

瑞典人则喜欢嘲笑挪威人笨：天才这个词在挪威语里怎么说？游客。

论及玩地图炮的绝顶高手，则非来自科幻小说《汪洋战争》中的地球抵抗军莫属。人家的地图炮，疆域已经扩展到宇宙中去了。

在该篇小说中，出于安全考虑，地球的最高权力机构——联邦总部搬迁到月球的背面。而活跃在地球各片疆域、共同将联邦政府视为对手的其中一个抵抗组织，富有创造性地将

[①] "外国人"，一种幽默搞笑的谐音说法。类似的如：油菜花——有才华。（百度·知道）——编者注

联邦政府的所有人称为"月球佬"。

在做出客观评价的外星历史学家看来，这不仅仅是一个称谓而已。因为时间一长，"月球佬"就成了联邦政府的专称，地球人甚至理所当然地把联邦政府的人看作是来自月球的异类，"月球佬滚回去"的声音如星火燎原般扩散开来。历史学家甚至估算道，这个名称的实际军事价值，超过了三十个整编师！

为何一个简简单单的词语，蕴含着不亚于氢弹的巨大威力？

我们是光荣的蜀军；你们，是卑劣下贱的吴狗。所以我们宁死都不向你们投降。

我们是生于斯长于斯的地球人；你们，是来历不明的月球佬。所以地球是我们的，你们滚回去。

给对方戴上"吴狗""月球佬"的帽子，不只是为了泄愤，更重要的原因，是战术需要。

通过不断强调"我们"与"你们"之间的差别，来强化自我认同，与对方划清界限，达成同仇敌忾的心理，这才是终极目的——你看，我们头上的帽子都不一样。毫无疑问，我们和你们根本尿不到一个壶里去。

诸如此类的帽子有很多，地图炮只是其中一类，另外还有同样源远流长的一个流派——星座炮。

对此，处女座的兄弟姐妹必然深有体会。在各大网站的投票当中，诸如"一女孩跳河自杀，后嫌河太脏上来了，大家说这女孩属于什么星座？""假如让一个星座从此消失,12星座变成11个,那你最希望哪个星座消失呢？"等问题,处女座向来都毫无悬念地当选。

当然,这并不意味着其他星座就不遭"黑",在各种靠谱或不靠谱的排行榜中,任何星座都在花心、痴情、呆萌、八卦、守信、智商、心机、吃醋、好骗、占有欲等方面独占过鳌头,各派别由此而产生的争论,甚至一直持续到世界末日。

以上种种,都属于"以帽取人"的第一种帽子:先天帽。

它涵盖了你与生俱来、被动赋予的所有属性,不但包括籍贯、星座,还包括民族、肤色、血型等内容。虽然有些属性,诸如年龄、饮食习惯、身高体重、家庭条件(阶级成分)会随着时间的推移而改变,但是改变不等于消失,它们如同长在你锁骨旁的蝴蝶状胎记,是你一生都无法摆脱的身份标识。

在追求自我认同的过程中,眼见对方和自己的先天帽不同,于是出于强调差别的冲动,产生攻击对方的欲望,实属正常。但是先天帽的终极作用,并不是让大家乒乒乓乓地打个不亦乐乎。在更多情况下,它是连接人际关系的纽带、相互提携的桥梁。

中国古代历朝历代的官员,都很看重科举考试中的"三同"——同乡、同门、同年(或同科)。若是满足其中一至两个条件,官场相互提携自不在话下,若是碰巧三个条件都满足，那就是一辈子的好朋友。

　　身为浙江人的蒋介石，特别重视浙江人、重用浙江人。他的"佩剑"、中国最神秘人物、特工王戴笠是浙江人，甚至军统一半以上的成员，也都是浙江人。所以若是你出生在那个乱世，又恰巧是浙江人，不求政治信仰，只求功名闻达的话，投奔蒋介石，或许是个不错的选择。

　　为何如此？原因其实很简单，我们头上的帽子，多有相似之处。就算大家来自五湖四海、星座不同又如何？至少我们还都是黑头发、黄皮肤的龙的传人。抗日战争时期，国共两党打得再难解难分，照样可以调转枪头，一致对外，就是这个道理。

　　就算你一时找不到和对方帽子的相似之处，但与其人云亦云、不负责任地说出"河南人偷井盖""黑人身上总有股怪味"等冒犯人的话语，不如把更多的心思放在如何夸赞对方帽子的闪光点上——就算是处女座，又招谁惹谁了？《福布斯》杂志研究表明，657名白手起家的超级富豪里，处女座人数最多！

第二讲：
阵营划分——我是许旅长的人

> ——派系帽，意指你通过后天选择戴在头上的帽子。与之紧密关联的，是你所处的阵营、所从事的职业以及你在其中所扮演的角色。

1945年11月，国民党军队攻占山海关，打开通往东北的陆上通道。次年1月，又陆续增兵加紧进攻东北。局势的改变，使得隐藏在当时东北人民自治军中的土匪武装露出本性，相继叛变。

对此，中共中央军委决定将东北人民自治军改称东北民主联军，并把工作重心转向距离国民党占据的大中城市较远的城市和乡村，以师（旅）为单位开始有重点地分散到东北各地，发动群众，清剿残余伪军和土匪，决心"把剥削根子全拔掉，誓把反动派一扫光"。

1946年冬季，东北民主联军某部在执行剿匪任务中，将目标瞄准了盘踞在牡丹江一带的"座山雕"匪帮。

"座山雕"乃三代惯匪，他自己为匪数十年，经验丰富，要抓住他很不容易。此时"座山雕"的大本营驻扎在威虎山，由于威虎山地势复杂，大家经研究讨论后，认为只能智取，不宜强攻。

侦察排长杨子荣站了出来，指出想擒贼，先擒王。在提出派人化装成土匪打进虎穴、智擒"座山雕"计划的同时，还主动请缨。

计划得到了批准，在精心准备后，杨子荣单骑来到威虎山。

"座山雕"正在威虎厅候着他，并布下大量人马，要给杨子荣一个下马威。两人一个冷静机警，一个老奸巨猾，刚打了个照面，就迸出了火花。

没有任何寒暄，"座山雕"突然开口："天王盖地虎。"

杨子荣早有准备，从容回答："宝塔镇河妖。"

八大金刚跟着起哄："么哈？么哈？"

杨子荣丝毫不乱："正晌午时说话，谁也没有家！"

"座山雕"冷哼一声："脸红什么？"

杨子荣："精神焕发！"

"座山雕"追问："怎么又黄啦？"

杨子荣："防冷涂的蜡！"

一番黑话的攻防下来，杨子荣没有露出半点破绽，对"座山雕"和八大金刚的试探，给出了完美的回应。紧接着，在"座山雕"突然拔枪击灭一盏油灯对杨子荣示威之时，杨子荣显示了更高超的枪法——一枪击灭两盏油灯，惹得在场匪众们一片哗然。

众人动容之际，杨子荣趁机说出了看似不经意实则点睛之笔的一句话："（我是）许旅长的饲马副官胡彪！"

这句话顿时让"座山雕"老脸上密布的阴云散去了几分，虽然他眼中依然带有怀疑神色，但在步步紧逼，接连询问杨子荣许旅长心爱的宝物是什么、在何地由何人所赠等问题后，眼见杨子荣胸有成竹，对答如流，"座山雕"的神色终于缓和下来。

杨子荣更是将早已准备好的"座山雕"朝思暮想的"联络图"双手奉上。"座山雕"大喜，立刻封杨子荣为威虎山老九，位列声名显赫的八大金刚之后。他想了想，觉得还不过瘾，又委任杨子荣为"滨绥图佳保安第五旅"上校团副。

至此，短短时间内，杨子荣就完全获得了"座山雕"的信任，成为牢牢楔入敌人内部的一根钉子，为日后里应外合、全歼这伙悍匪起到了至关重要的作用。

非我族类，其心必异；与我同类，皆大欢喜。

身处自然条件恶劣的东北山林，本就不易谋生。政治环境更糟，需要艰难地夹在国共两党之间求生存，"座山雕"形成狡诈多疑的性格，在所难免。

在他看来，无论是共产党还是国民党，都不能完全信任，真正能让他放心的，只有手中的枪和干着同一行当的兄弟。

许旅长虽然有着"国民党保安第三旅旅长"的官方职务，但匪号为"许大马棒"的他，并不是"座山雕"眼中的外人。因此，杨子荣聪明地抬出了许旅长的名号，有了"许旅长的人"这顶帽子作掩护，"座山雕"就算还不能完全信任他，至少也不会对他公然横眉冷对。

在杨子荣识趣地将"联络图"奉上后，"座山雕"根本无法抑制内心的喜悦，哈哈大笑的同时，彻底把杨子荣当成了自己人。

但若杨子荣不用许旅长的名号来开路，就算他一入威虎厅，就把"联络图"双手奉上，也未必能达到后来的效果。甚至很有可能会导致"座山雕"产生疑心，先把杨子荣关进大牢，等验证了"联络图"是真是假再说。

杨子荣头上戴的，正是"以帽取人"的第二种帽子——派系帽。

派系帽，就是你通过后天选择戴在头上的帽子。与之紧密关联的，是你所处的阵营、所从事的职业以及你在其中所扮演的角色。

正如你的先天帽可以有多顶一样，你的衣帽间里，也收藏着许许多多的派系帽——

你可能戴着沉重冰冷的铁头盔，参加罗马天主教准许的十字军，向梦想中的圣城耶路撒冷进发。

你也可能戴着蓝色贝雷帽，成为联合国维和部队的一员，在战火频仍的国家与地区制止冲突、恢复和平。

你可能戴着魔术师的帽子，在万众瞩目的舞台之上，演绎让人目瞪口呆的新鲜魔术。

你也可能戴上矿工帽，深入地下去挖掘自然的矿藏。

派系帽和先天帽一样，可以同时将多顶戴在头上，如同本杰明·富兰克林不仅是杰出的政治家、物理学家，还是出版商、印刷商、记者、作家、慈善家、外交家、发明家。

在某种程度上，派系帽基于先天帽，又是后者的拓展与延伸。你出生在黄河以北，这是你改变不了的事实，但长大后，你完全可以凭借自己的能力，跑到长江以南混饭吃，甚至把户口也迁移到当地。在此之后，若是再有人想用黄河以北的地图炮攻击你，任它炮火再密，你也可以像《黑客帝国》里的男主角一样，轻轻松松躲过去。

比起颜色、尺码、样式统统固定的任何人也无法改变的先天帽，派系帽则要灵活得多，你不仅可以随心所欲地更换，更可以自行研发、无中生有，而这正是杨子荣等人的本事所在——作为100位为新中国成立做出突出贡献的英雄模范人物，又红又专的杨子荣，偏偏给自己编织了一顶像模像样、任何人都不曾怀疑的"匪帮"的帽子。

想要摘掉派系帽不难，难的是压平帽子曾经留在你头上的痕迹。

吕布先是拜丁原为义父，后来又改投董卓门下，反过来还割了丁原的头，作为献给董卓的见面礼。因为这个事儿，他被张飞公然嘲笑为"三姓家奴"，一句话，四个字儿，气得武力无双的吕布直打哆嗦，忘了自己正在和公孙瓒交手这茬儿，调转马头就要和张飞拼命。

你可以说猛张飞粗中有细，说话的确气人，但归根到底，还是吕布自己朝秦暮楚，给人留下了扣帽子的机会，这是典型的授人以柄，no zuo no die。

再来讲个笑话。

学霸和学渣在自习课时，同样手里握着笔，趴在书本上睡大觉，班主任看见前者，欣慰说道："真是用功，睡着了都不忘学习。"一转头，看见后者，不由得勃然大怒："不成器的东西，一学习就睡觉！"

班主任下了这样的断语，并不让人意外。因为在她眼中，学霸和学渣泾渭分明。两人虽然在同一个教室里，但是所属的是两个截然不同的阵营。

正是因为我们经常做出这样简单、粗暴的判断，所以更加凸显出派系帽的可贵。它代表了你的成色，也直接提示对方该用什么样的礼仪来对待你。

武侠小说里，群英聚会时，来自少林、武当等历史悠久的门派，或者江南慕容世家、万福万寿园等世代显赫的家族的人，就算年纪轻轻，也当仁不让地居于上座。诚然，这些人的武功未必有多出色，但头上显赫的帽子让旁人相形之下不知不觉就矮了几分。

同理，若是你来自长鲸帮、四海派等打着灯笼也找不到的小门派，又没多少了不起的成就，就算门派名字起得再高端大气上档次、张扬奢华有内涵,对不起,你还是得门边坐着去。

合理使用派系帽,你就可以像杨子荣一样,达到你想要的效果——纽约迪巴诺(一家面包公司),为扩大影响力,多年来始终想要打进某知名饭店,但一直未能如愿。直到有一天,面包公司的经理发现饭店负责人是"美国饭店协会"的一员。

当两人再度见面时,经理对订购面包一事只字不提,却有意无意地提起:"我老早就听说有个'美国饭店协会',十分仰慕。一直很想加入,可惜没有门路。"

这一次,平时正眼都不看他的酒店负责人,居然和他聊了35分钟,且意犹未尽。两人分开几天后,迪巴诺收到了"美国饭店协会"的会员卡,同时附上的,还有今后几年大量的面包采购单。

就像《封神演义》里各路神仙打架都要祭出法宝一样,人际交往中,你要随时准备着,祭出你的派系帽,从而让对方当你是自己人,买你的账——

你念念于心的女神,或许和你一样,都是坚定不移的《神探夏洛克》的忠实粉丝。以此为契机,她终于不再以"我去洗澡了"为借口摆脱你,而是和你相谈甚欢;

面试你的HR[①],也正是出于和你同样有着深海钓鱼的兴趣,从而在评分表上,忍不住提高了对你的评价。这种事并非玩笑,它真有可能发生哦。

---

① Human Resource 的缩写,指人力资源。此处指人力资源管理人员。——编者注

第三讲：
行为艺术——结硬寨、打呆仗

> ——行为帽的特殊之处在于，它是量身定做的，只与你丝丝合拍。想要摘掉行为帽并不容易，在某种意义上，它已经与帽子下面的人合为一体、血肉相连，甚至成了其身体的外延，并具有显著特征的一部分。

1862年初，清廷任命曾国藩为协办大学士，统辖苏、赣、皖、浙四省军事。有了朝廷的支持，曾国藩旋即将旌旗东指太平天国。

曾国藩运筹帷幄，兵分多路，其中一支重要部队，由其九弟曾国荃率领。其意在从安庆沿长江北岸，直趋太平天国的都城——有着"江南佳丽地，金陵帝王州"之称的南京。

出兵之前，曾国藩不免担心，特意对曾国荃面授机宜。他深知这个弟弟的性格：作战勇猛，但贪功急进。对此，曾国荃口中唯唯，心里全然没当一回事。

曾国荃并不傻。之所以听不进劝，是因为他有不听劝的资本。

当年3月，他率湘军东下，拉开进攻天京的序幕。骁勇异常的他，非但不负其兄所托，更是超出其预想。

这一路，势如破竹。无为、巢县、含山、和州、太平府、东梁山、金柱关、芜湖、江宁镇、大胜关等地接连被夺回，短短两月间，曾国荃的部队便将战火烧到天京城南门外的雨花台。

虽然士气如虹，军心大盛，老辣的曾国藩却依然忧心忡忡。

曾国藩认为，九弟的部队虽然离最后的成功只差临门一脚，却因孤军深入，处于最危险的境地。事实也正如他所料：太平天国的首领洪秀全惊慌之下，一日三诏，催促悍将李秀成从上海前线回援。

李秀成领命，率领号称六十万人的大部队过溧阳，下溧水，直杀雨花台，将曾国荃不到三万人的部队重重围困。身前是打不进的南京城，身后是黑压压的太平军，短时间内，曾国荃部就成了夹在汉堡中间的肉饼，进不得，退不出，插翅也难飞。

军力相差本就悬殊，装备又逊于对手，更赶上天公不作美。因天气原因，此时在湘军内部，瘟疫横行，这场战争的走向，俨然如同秃子头上的虱子——明摆着。

面对根本不可能取胜的情势，曾国荃心急如焚，无计可施，但当他终于想起出兵前哥哥的殷切嘱托时，忽然眼前一亮，觉得抓住了救命的稻草。

曾国藩交代的核心内容，其实只有六个字。但这六个字，却在军事史上写下"以少抗多"战役的新篇章，丰富了军事作战的方法和策略，在太平天国竭尽全力、挥拳攻来之时，仅以极小的代价，就在对方心口上插上重重一刀。

这六个字，甚至影响到清朝与太平天国对峙的格局，让太平天国的都城失陷，让洪秀全走投无路、不得不自尽，更让中国历史上最后一个封建王朝的寿命，得以多苟延残喘了几十年。

这六个字就是：结硬寨、打呆仗。

曾国荃一声令下，湘军挖深沟、筑高垒，只在太平军进攻时发炮还击，从不主动进攻。李秀成原以为吞下这支部队，不过是眨眼间的事，但眼睁睁看着对方由翱翔九天的腾龙转眼间摇身一变成为缩头乌龟，他感到惊愕，却无可奈何。

打了十天，死了数万人，局势却没有丝毫改变。就算太平军又增加了从浙江赶回来的三万大军，依然无法把曾国荃的部队拽出乌龟壳。

血战四十六天后，李秀成迫于形势，无奈地选择撤围。雨花台上，湘军进驻后插下的旗帜，从来没有拔下来过，面对垂头丧气撤走的太平天国部队，旗帜依然高高飘扬。

曾国藩号称晚清"中兴第一名臣",有人更是推崇他为"千古第一完人"。毛泽东和蒋介石都是他的推崇者——前者潜心研究曾氏文集,感慨"余于近人,独服曾文正";后者认为曾国藩"足为吾人之师资"。

曾国藩所创立的湘军,与他本人的声名一样显赫。镇压太平军、讨捻军,甚至在晚清对外战争中也发挥了极其重要的作用。可是从没有人认为曾国藩是个了不起的军事家。虽然湘军屡屡取得胜利,但一说到具体作战内容,军事学家就摇头苦笑。

"结硬寨、打呆仗"是曾国藩传授给曾国荃的作战法宝,也是他自己始终贯彻的作战方略。湘军每到一个地方,第一件事就是修墙挖壕。墙高多少、壕深多少、壕沟外的篱笆墙有多宽多高,甚至挖壕沟挖出来的土要搬到多远之外,都有明确的规定。

这套从不率先出击,只求对方主动上门,略显受虐气质的战术,实在不怎么光彩,碍于曾国藩位高权重,又屡屡取胜,旁人不好说他的不是,但对执行同样战略的曾国荃就没那么客气了。

虽然没有人敢当面称呼曾国荃为缩头乌龟,但众人一致同意,送给他一顶叫作"曾铁桶"的帽子。仔细琢磨,这个外号虽然比"乌龟"强得多,但其实也不怎么入耳。

基于某人的行为举止,将之概括、总结和凝练,形成的就是"以帽取人"的第三种帽子——行为帽。

行为帽的特殊之处在于,它量身定做,换了旁人来戴,要么小得罩不住头，要么大得把半张脸都装了进去。而且想要摘掉行为帽并不容易，在某种意义上，它已经与帽子下面的人合为一体、血肉相连，甚至成了其身体的外延，并具有显著特征的一部分，如同关云长的胡子、琴魔的六指。

寻常意义上的行为，构不成行为帽。这种帽子虽然没有具体的制作要求，但起码要超越常规、具有一定意义和效果，甚至违反常识。

你一天吃一个鸡蛋，这很平常，就算你倒立着吃，也没什么了不起。但若是你一天吃五百个鸡蛋，毫无疑问，你有资格同时收获"吃蛋达人""蛇精病"甚至"最让母鸡感到菊花残的男子"三项桂冠。

从这个角度来说，砸缸的司马光、让梨的孔融、抱柱的尾生以及化蝶的梁山伯与祝英台，都可以因为其或机智、或谦让、或守信、或缠情的表现而当之无愧戴上行为帽。

但要强调的是，行为帽本身只是对某种行为的描述，它本身并不都金光灿灿，也不全用来为戴帽子的人增色。

"开膛手杰克"同样是行为帽。这位在1888年于伦敦东区的白教堂一带，以残忍手法连续杀害至少五名妓女的凶手，在媒体头条的不断报道、推波助澜下，惹得人人自危，使得此后相当长的一段时间内，即便光天化日之下，走在伦敦街头的单身女子的数量也锐减许多。

行为帽不仅可以用来概括、做总结性陈词，它还是直捣人心的一柄利器。

公元234年2月，诸葛亮率领十万大军，出斜谷口，开始了第五次也是最后一次北伐。这一次，诸葛亮准备充分，不仅设计了运输工具"流马"，还与吴国约定，共同伐魏。

魏军主帅司马懿的反应，和曾国藩兄弟差不多，"坚壁拒守"，就是不和你硬碰硬。那时候微博、微信都还没有，诸葛亮想骂司马懿都找不到地儿，但诸葛亮毕竟足智多谋，派人给司马懿送了一套女装，意思很明显：打都不敢打，你就是一女人！以后你就穿我送你的这套衣服算了，这可是今年爆款，韩版的，忒流行。

即便是善谋明略的司马懿，也被诸葛亮的举动气得半死。这口气，不，这顶帽子，他无论如何也不能接受。好在他顾全大局，和魏文帝心照不宣地上演了一出上表请战不成反被嘉奖的戏。纵然诸葛亮智谋无双，也无计可施。

行为帽的制作门槛其实并不高，但和吹笛子、茶道等技能一样，易于上手，难于精通。

你或许也在酒桌上恭维过某位领导"海量"，但这样的行为帽，领导不知道收了几箩筐，有你这一顶不多，没你这一顶不少。

编织真正的帽子，尚且注重上好的原材料。放在言语里，质感与品位，同样必不可少。

你在朋友圈里看见女神发了一组自制提拉米苏的图，或许你第一时间就冲上去点赞，或许你运指如飞，留言恭维对方好厨艺。但是要知道，在你的界面上，你可能是反应最迅速、恭维最诚恳的人，但在女神手机界面上，你的热情早已经淹没在和你一样想吃天鹅肉的单身狗里。

如果女神没有搭理你，你要做的不是黯然放弃，更不是厚着脸皮霸屏，最有效的办法，是把你的帽子，编织得更有诚意。

"看起来就很美味，真是讲究生活品质的人呢！用的材料想必也很高档吧，是不是马斯卡彭芝士？"你这样说。

女神没准会回你个笑脸："只是普通的奶油奶酪而已。"

"普通的就已经这么有卖相，妥妥的大厨啊。话说，我家里正好有最正宗的马斯卡彭芝士，正适合你的妙手厨艺，免得暴殄天物。"

虽然这样说，不保证百分之百约到女神，但是成功概率会提高许多吧。

在这方面，乔帮主绝对是个中高手，只用两项行为帽，就撬动了身经百战的男神的心，使其心甘情愿投入了自己的怀抱。

33年前，为了让当时的百事可乐总裁约翰·斯卡利加入苹果，乔帮主逮着机会，对他说出那句极具煽动性且至今被人津津乐道的话语——

"哥们，你是想卖一辈子糖水，还是跟着我们改变世界？"

第四讲：
搞个定语——我希望是一万年

> ——要制作一顶好帽子，离不开丰富的原材料、灵巧的手工和丰富的经验。制作语言的帽子，则需要敏锐的头脑、犀利的言辞、对对方背景的了解甚至关键时刻的灵机一动。这并不是件容易的事，因此这一讲，将教你如何以最快捷、方便、经济适用又能够给人留下深刻印象的方式来做帽子。

以下为周星驰经典电影《大话西游》片段。

牛魔王救了紫霞，并对她一见倾心。当着至尊宝等人的面，向紫霞求婚，并将月光宝盒送给紫霞，充当定情信物。众人因婚事而不断起哄之际，紫霞抱着紫青宝剑独自跑开，至尊宝惦记着月光宝盒，费了一番周折，终于在后院找到了紫霞。

至尊宝快步走上前："哎呀，你怎么躲在这里？"

紫霞颓然地坐在台阶上，见至尊宝走近，眼神忽然变得凌厉。她霍地站起身，宝剑出鞘，直直抵在至尊宝的咽喉上。

当时那把剑离至尊宝的喉咙只有0.01公分（0.01厘米），但是至尊宝相信四分之一炷香之后，那把剑的女主人将会彻底地爱上他，因为他决定说一个谎话。虽然他生平说过无数的谎话，但是这一个他认为是最完美的。

紫霞冷声道："你再往前半步，我就把你给杀了！"

至尊宝缓缓转头，眼泪顺着右边脸颊淌下："你应该这么做，我也应该死。"

紫霞感到诧异，眉间微皱。

至尊宝："曾经有一份真挚的爱情放在我面前，我没有珍惜。"

紫霞凝视着至尊宝，缓缓放下捏着剑鞘的左手。

至尊宝深深叹气道："等我失去的时候我才后悔莫及，人世间最痛苦的事莫过于此。"

紫霞痴痴地望着至尊宝，一语不发。

至尊宝仰望苍天："你的剑在我的咽喉上割下去吧！不用再犹豫了！"

紫霞眼中隐隐含着泪光，樱唇轻颤。

至尊宝："如果上天能够再给我一次机会，我会对那个女孩子说三个字。"

紫霞轻叹，泫然欲泣。

至尊宝脸上眼泪成河："我爱你。"

紫霞忍不住嘴角含笑，眼神变得更加柔和。

至尊宝深情款款："如果非要在这份爱上加上一个期限，我希望是……一万年！"

"哐啷"一声，紫霞手中的宝剑落地，不觉间，整个人感动得泪流满面。

《大话西游》曾造就了中国最具影响力的文化现象，而以上片段，更是被誉为永恒的经典。

至尊宝这番话，每一个字都在紫霞的心里敲出深远的回音。"我爱你"是直抒胸臆的定论，而斩钉截铁的"一万年"三个字，则如同带着千钧力道，呼啸而来的一箭。

羽矢，正中靶心；紫霞，就此沦陷。

且让我们平复情绪，跳出电影想想看：若是把"一万年"换成"一年""一百年""十万年"，效果会有怎样的改变？

若是"一年"，紫霞说不准就黑了脸，手中的宝剑恶狠狠地抹了至尊宝的脖子——你丫逗我玩是吧？！

若是"一百年"，紫霞的心潮起伏绝不会像现在这么大——这么平平淡淡，我就呵呵一下好了，当你说的是真的吧。

若是"十万年"，不光是紫霞，就连荧幕前的你和我，都觉得有点扯——十万年前，撒哈拉沙漠都还是绿洲；十万年后，没准就宇宙大战了，地球存不存在还要另说。

你看，简简单单一个字眼的改变，却可以引发人的情绪的剧烈波动，有没有发现，关键在哪里？

个中奥妙，就是本章要教给你的最本质的东西。

在前三讲中，我们了解到帽子有三种类别——先天帽、派系帽和行为帽，也学会了如何去制作这三种帽子。

但是，如同想要制作一顶好帽子，离不开丰富的原材料、灵巧的手工和丰富的经验一样。制作语言的帽子，则需要敏锐的头脑、犀利的言辞、对对方背景的了解甚至关键时刻的灵机一动。

这并不是件容易的事。如果我们每个人都能做到这一点，那么外交家将成为世界上最容易的工种，而蔡康永和郭德纲的饭碗，也将堪忧。

鉴于此，这一讲将教你如何以最快捷、方便、经济适用又能够给人留下深刻印象的方式来做帽子：搞个定语。

"一年""一百年""一万年""十万年"，同样都是以"年"为计量单位，之所以效果不同，是因为定语不同。

紫霞被至尊宝这番话感动，很大部分原因是因为至尊宝选择了一个极为讨巧，效果又显著的时间节点：一万年。少了显得诚意不足，多了又未免虚伪。一万年，刚刚好，这辈子爱不够，下辈子继续爱。既显得爱你足够深情，又带着些许理智，不是在满嘴跑火车，乱开空头支票。

定语用得好，何止印象深刻，简直永铭心间。

中国内地武侠开山作《白眉大侠》的主题曲歌词，也正是利用了强大的定语，既直奔主题内容，又铿锵有力，以至于二十年过去，无数人还记忆犹新：

刀是什么样的刀？金丝大环刀！

剑是什么样的剑？闭月羞光剑！

招是什么样的招？天地阴阳招！

人是什么样的人？飞檐走壁的人！

每个人都是生活的导演。同理，每个定语都是一顶帽子。

有的帽子，能够显得熠熠生辉：

南宋大文豪陆游年轻时，曾与一名叫唐婉的女子成婚，两人日夜缱绻，恩爱无比。但好景不长，在陆游母亲的强势干预下，两人被迫离异。

虽是迫于母命，但陆游对唐婉仍是痴心不改。七年后的一个春日，两人偶然在禹迹寺南沈园重逢，陆游感慨万千，趁醉挥就一首《钗头凤》。

这首词情真意切，催人泪下。开篇"红酥手，黄縢酒，满城春色宫墙柳"，寥寥数语，便将两人昔日殷勤把盏、共赏春色的柔情蜜意写得神完气足。

文豪不愧是文豪。这其中，"红酥"与"黄縢"两顶帽子，既有颜色（红、黄），又有品类（縢），更有质感（酥），在追忆过往的同时，也将原本平凡的"手"与"酒"赋予了绝佳的浪漫色彩。

但若是把"红酥手"换成古龙小说里的"搜魂手"，把"黄縢酒"换成某些食肆常见的"壮阳酒"，效果会如何，请自行感受一下。

有的帽子，能够让人狼狈不堪：

一对夫妇结婚多年,膝下有五个子女,不久前,妻子又生下第六个小孩。

丈夫对此感到极为骄傲和自豪,恨不得将此告诉身边每一个人。不知从什么时候起,他开始习惯地称呼自己的妻子为"六个孩子的妈",尽管妻子屡次提出抗议,但是叫顺了口的丈夫,依然乐此不疲。

直到有一天,夫妻俩参加一个人数众多的街坊聚会。聚会快要结束时,丈夫想知道妻子是不是也要打算回家了,于是他隔着人群,用在场所有人都能听见的音量,大声喊道:"我们打算什么时候回去,六个孩子的妈?"

妻子深深地被激怒了,面对多次不考虑她感受的丈夫,她决心予以回击,同样用所有人都能听见的音量,大声喊道:"你想回去,随时都可以,四个孩子的爸!"

有的帽子,具有核武器般显著的威慑力:

武则天掌权后,废李显、立李旦,更欲登位称帝,建立大周王朝。

她的做法,引起唐朝大家子弟的愤怒。公元684年,身为开国元勋、英国公李勣后代的李敬业自称匡复府大将军,以匡扶中宗复辟为理由,在扬州起兵。

为了告诉老百姓自己是正义之师,李敬业请曾经写出脍炙人口的佳作——《咏鹅》的作者骆宾王负责宣传工作,后者不负所托,挥毫写下《为徐敬业讨武曌檄》。

据《新唐书》记载,武则天初次看到此文时,并没当一回事，甚至边看边笑。但当她读到文中"一抔之土未干，六尺之孤何托"这句话时，脸色顿变，整个人都不好了。过了良久，才带着惋惜之情感叹道："如此大才，宰相都没有挖掘出来，并上交给国家，真是不应该啊！"

"一抔""六尺"四个字，令见过无数大风浪的武则天，震撼如斯。

有的帽子，则具有鲜明的个人特征：

若你生活在20世纪中早期的欧美国家，一看到无声电影银幕上的高顶礼帽，你就会本能地联想到卓别林；

若是看几年前的春晚，破棉帽一登台，你就知道又到了本山大叔让你捧腹大笑的时间了；

同理，看《水浒传》时，无数个绿林好汉的形象在你脑海里晃晃荡荡，你方唱罢我登场。单单要记住每个人的姓名，就免不了死无数脑细胞，更要命的是有头有脸的，不仅有名字，还有绰号。

因为在那时候，给自己起个绰号，是件很时髦的事情。要是没个绰号，你出门都不好意思和别人打招呼。而且古人也不太谦虚，再怎么说也是一介凡人，偏偏喜欢把"龙""虎""雕""哪吒""大圣""太岁"等头衔往自己身上安。

多亏施耐庵妙笔如椽，反而借助绰号，以各种定语巧妙地为各路人马增加了辨识度——"及时雨""花和尚""赤发鬼"……拜这些无比熨帖的帽子所赐，你才得以将一个个原本看似脸谱化的人物记清楚。

除此之外，帽子还有一个最了不起的用途：进行精准界定。

《没有共产党就没有新中国》这首歌的歌名实际上是改后的歌名。

1943年8月25日，《解放日报》发表题为《没有共产党，就没有中国》的社论指出："如果今日的中国，没有中国共产党，那就是没有了中国。"时年19岁的中共党员曹火星由此产生灵感，创作歌曲《没有共产党就没有中国》。

这首歌的歌词简单朴素，曲调朗朗上口，自从诞生的那一天开始，就在中华大地上唱响。

1950年，毛泽东听到女儿李讷唱这首歌时，在予以肯定的同时，也提出建议："没有共产党的时候，中国早就有了，应当改为'没有共产党就没有新中国'。"

"中国"原指中原地区，戴上一个"新"字的帽子，从此有了与此前截然不同的意义。"新中国"准确定位了中国共产党的历史功绩，这首歌也因此成为经典红歌，代代传唱。

语言是用来交流的，随着时间的推移，语言也在不断地进化。拜广大机智的网友所赐，一顶顶具有鲜明时代特色的帽子，源源不断地生产出来：女汉子、正能量、玻璃心、软妹子、绿茶婊……

甚至许多原本老老实实，用作定语的形容词，也不安分地携起手来，摇身一变，成为内涵更丰富、意思更完整的帽子：高富帅、白富美、高大上、傻白甜……

你看，帽子的种类是如此之多，帽子的作用是如此之强，人人都道帽子好，所以，也难怪清太祖努尔哈赤会拥有一个多达 25 字的谥号——"承天广运圣德神功肇纪立极仁孝睿武端毅钦安弘文定业高皇帝"来当做帽子了。

职场实用指南之以"帽"取人

好帽子,坏帽子

一、硬帽子是起点,软帽子是重点

人生而自由,却无往而不在帽子之下。呱呱坠地的时候,你是父母的宝宝;长大一点了,不管是调皮的孩子,还是听话的宝贝,都是学校的学生;进入青春期,有人叛逆,有人内向,有人早熟;成年之后,恋爱结婚,又成了谁的先生、谁的太太;然后各自为人父母,或者勇当虎爸狼妈,或者甘做慈父慈母……

职场,当然也是由各种各样的帽子组成的。

你是哪里人?什么学校毕业的?考了什么证书?拿过什么奖项?学习成绩怎样?家庭背景如何?有什么爱好?有什么发展目标?……

这些问题,其实就好像一顶顶帽子,陆陆续续被拿出来,戴在你的头上，便于别人观察、区分、记忆、归类。由于这些帽子在入职之初常会拿来让你试镜，我们不妨称之为"原始帽"。

入职之后，原始帽一直存在，只不过"职位帽"会更明显、更多时间戴到头上。你能在一家公司获得一个职位，其起因是公司的组织架构中有这样的岗位设置，而同时又暂缺合适人选。所以，从内容上看，这是你的屁股坐上了某个位子；但比较搞笑的是，如果从形式上讲，这却好比你的脑袋戴上了一顶帽子——职位必有头衔，而头衔，岂不就是帽子？

不过，这样倒能很好地解释为什么人们说"屁股决定脑袋"。

原始帽、职位帽都比较真实客观，材质稳定，不易变形，可以称作"硬帽子"。职场的帽子，除了这些客观真实的硬帽子，更多的其实是主观性比较强、真实性及稳定性不那么明显的"软帽子"。

职场是工作场所，你的职位帽、原始帽戴久了，看的人会出现审美疲劳，然后就会逐步在视觉、知觉中忽略这些帽子。试想，你初到一个单位，同事们会介绍说：这是我们部门新来的×博士！每次开会讨论问题，大家都会说：我们听博士讲一讲。而随着时间的推移，习惯成自然，大家一定会逐渐忽略你头顶上的博士帽；久而久之，当他们说博士的时候已经不再含有那些崇敬尊重之意，而完全等同于说任何一个普通的名字和称谓。

在人们的观感中取而代之的，是×博士的工作表现，尤其是博士在表现的过程中给大家留下的印象。

软帽子，就是"印象帽"。

如果×博士平时说的观点、意见基本靠谱，慢慢地，博士就变成了"专家"——博士是指官方的、正规的、客观的学历，而专家则是民间的、非正式的、有很强主观色彩的尊称。如果博士发表的观点、意见基本不靠谱，或者总是跟同事们对不上频道，博士帽慢慢就会变成"书呆子""落不了地""沟通表达能力差"诸如此类的软帽子。

印象无处不在，印象众口难调，印象见仁见智……你能戴的硬帽子总是有限的，而别人给你戴上的印象软帽子，却可能没完没了，而且五花八门。有一千个读者就有一千个哈姆雷特，对于同样一个你，做的某一件具体的事，不同的人，站在不同的视角，其观感、评价、印象，总会有这样那样的差异，因而每个人给你戴上的软帽子，就绝对不可能一模一样。

硬帽子，多半是你自己挣来的，是真实的、不变的；软帽子，一般都是别人送给你的，是模糊的、弹性的。更重要的问题在于，硬帽子因为是自己挣的，你能够主动选择不要，比如原始帽可以藏起来，对于职位帽可以辞职、调动；而软帽子却是别人给你戴的，主动权由别人掌握，在多数情况下，好的印象帽你往往求不来，不好的印象帽你也很难说我不要、我不戴。

"爱情不是你想买，想买就能买"；帽子不是你不戴，不戴就不戴。

难怪这种段子会广为流传：

你是诗人吗？

你才是诗人！你们全家都是诗人！

职场发展，千万谨记：硬帽子只是起点，软帽子才是重点。

二、坏帽子未必坏，好帽子未必好

李嘉诚说："成功也许没有既定的方程式，失败的因子却显而易见；学习并建立减低失败的架构，是步向成功的快捷方式。"

从步向成功的角度，职场的软帽子确实五花八门，因人而异，错综复杂，要完整、清晰、系统地梳理出一套子丑寅卯的方程式，确实不易。但我们完全可以找出一些"失败的因子"，从而减低失败可能性，提高成功概率。

比如，就有这么两顶有名的帽子，在大家的普遍认知中，往往会搞反方向：有一顶帽子，其实未必是个坏帽子——至少没有那么坏，我们却都觉得不好，避之唯恐不及；另有一顶帽子，明明不是个好帽子——至少没有那么好，我们戴着反而沾沾自喜，唯恐他人不知。

第一顶帽子，是你可能愿意给别人戴的，叫"拍马屁"。

有个著名的故事。有位京官要派往外地任职，去向老师告别。老师说："外官不易为，宜慎之。"这人回答："某备有高帽一百，适人辄送其一，当不至有所龃龉。"老师大怒："吾辈直道事人，何须如此！"答曰："天下不喜戴高帽如吾师者，能有几人欤？"老师点头表示很同意："你的观点倒确实很有见地。"这人出来后，对别人说："吾高帽一百，今止存九十九矣。"

这个故事说明，拍马屁是个技术活，而且技术含量不低。有不少人，对那些跑到了自己前面的选手，甚至不管是不是在同一个赛场竞技的，言辞中总会充满不屑，而且说来说去，到最后都归结为一句："牛什么牛？不就是会拍马屁吗？"

事实上，这样的想法除了反映出你的羡慕、嫉妒、恨，更暴露了你的智商。其脑残之处不在于低估了那些跑赢的对手，甚至也不在于低估了公司领导与老板的能力和智力，而主要在于严重低估了拍马屁的技术含量。

俗话说得好：屁股上挂暖壶——有一定的水平。我发自内心地认为：一个能把马屁拍好的人，是一个有水平的人，哪怕他还没有完全脱离低级趣味，那也不妨碍他是一个有水平的人。你要相信，一个总是能把马屁拍得比你好的人，其工作中的表现可能也会比你好；其智商情商，可能也都在你之上。

所以，不要动不动就说人家"会拍马屁"，这可能并没有骂到别人，却反而暴露了自己。反过来，如果有人说你"会拍马屁"，也犯不着着急上火、立马撇清、再三争辩，倒不如坦然笑纳。

另一顶帽子，是你可能喜欢别人给你戴的，叫"有才华"。

三十多年前，在谈到员工潜能的话题时，彼得·德鲁克说："我曾见过'高潜能'的人在十年内，江郎才尽，变成平庸的中年人。我也看过资质普通的人，在所谓'天才'卖弄聪明时，脚踏实地往前到达目标。我也见过在某期间，没有潜能的人，突然间大放光彩。所以，我认为潜能只是种错觉，把它留给学校老师，企业人看的是绩效表现。"

潜能，类似于我们经常用的另外两个词——才气、才华。

才华横溢，才气过人，不好吗？好。至少听着好。不过，气啊、华（花嘛）啊什么的，有点虚无缥缈，还不如能力这样的说法实在。

光有能力还远远不够。企业以贡献论英雄，能力必须体现为业绩。没有成果和贡献的能力，对于组织是没有价值的，从这个角度看，在企业中实际可以说并没有"潜能"这回事。

这么说，的确缺少一点情怀。但职场并非讲情怀的理想之地。"李广才气，天下无双，自负其能"，在战事频繁、崇尚军功的鼎盛西汉，到死（因为没有达到业绩标准）不得封侯，"有才华"的帽子戴得一点都不愉快。

如果你颜值高，主要就不用看气质。如果你业绩好，就没有人在乎你是不是有才华。怀才不遇？这是什么鬼？"华人创意教父"包益民早就说过："天下没有怀才不遇这回事。"

如果某人总是有意地、不放过任何机会夸你"有才华"，那么你要相信，他极可能开启的是打脸模式，此时你不妨来一招姑苏慕容氏的"以彼之道还施彼身"，微笑回复："你才有才华！你们全家都有才华！"

第二章　神转折

你在南方的艳阳里，大雪纷飞；
我在北方的寒夜里，四季如春。
如果天黑之前来得及，我要忘了你的眼睛。
穷极一生，做不完一场梦。
大梦初醒，荒唐了这一生。

——马頔《南山南》

前言:
我真的猜不透你啊

深夜。弯月。冷风。长街。

红红的灯笼。浓浓的酒香。

酒吧里只剩下最后一位客人了,那是一名落拓的诗人。老板没有打烊的打算,所以也没有去打扰他,只是用一块棉布,慢慢擦拭着吧台。

诗人叹着气,将杯中的残酒一饮而尽,红着眼睛对不远处的老板说道:"给我讲个寂寞的故事,好吗?"

老板弯下腰,从吧台下面搬出一坛酒,酒的封口早已经被时间侵蚀得变了颜色。

"这酒叫女儿红,绍兴特产。"老板望着那坛酒,眼睛里隐隐有东西闪动,声音依然波澜不惊,"在绍兴,我们有个规矩。无论是谁,只要生了个女儿,就会在桂花树下埋一坛酒,等到女儿出嫁那天,将这坛酒拿出来,招待宾客。"

诗人等了很久,但是老板并没有继续说下去。

诗人感到不解,也略有些不满,拍着桌子嘟囔道:"有没有搞错,这个故事哪里寂寞了?我说,这莫不是你想要把酒卖给我,随口编的段子吧?"

老板从吧台后面走出来,将整坛酒摆到他面前。

"尝尝吧,百年陈酿。"老板静静地说。

诗人:"……"

你有没有经历过同样的场景:在和别人对话的过程中,原本言谈甚欢,但是就在某个突兀的瞬间,你的思维忽然像承载了超额电流的保险丝一样熔断了,你的大脑因为惊愕而陷入短暂的空白。你不自觉地增加了眨眼的频率,呼吸也变得急促,但饶是如此,你依然不知道该如何回应对方。

语言是我们交流的工具,借助语言,我们和对方建立起联系。在你一言我一语的过程中,我们如同坐在跷跷板的两端,两人不能同时说话,就像是跷跷板上,有一人在上面时,必然有一个人在下。

你说完一句话,同时期待着对方作答。但是对方口中冒出的话语,完全在你意料之外。

你感觉对方突然从跷跷板上跳下去了。猝不及防的你,从高处猛地掉下来,屁股震得生疼,两眼直冒金星。

而这,正是前文故事中,诗人所经历的精神状态。

出现这种情况,要么是对方答非所问,要么是对方心不在焉,要么是对方脑洞开得太大。除此之外,还有一种情况,叫做神转折。

神转折，就像是瞄准你心脏的手枪，在枪响的刹那，枪口飞出的不是子弹，而是花朵；就像是寂静无人的巷子里，鬼鬼祟祟靠近你的人影，你以为他图谋不轨，其实他只是想卖你几张盗版光盘。

它永远出现在你意料之外的情况里，但"意料之外"，不是判断它的根本依据。

如果你正和我讨论《老炮儿》里那辆法拉利恩佐补漆究竟用不用得了十万元，我忽然声情并茂地对你朗诵起惠特曼《草叶集》里的经典语句，你自然意想不到我会这么做，但你也绝对不会以为我是在神转折。最有可能的结果，是你会建议我去某个精神病院住一段时间。

你可能已经产生疑问——那究竟什么样的情况，才算神转折？

在回答这个问题前，我们先来看一个有着异曲同工之妙的例子。

1997年，法国与巴西所进行的一场足球赛上，巴西在对方半场中央位置，获得主罚任意球的机会，左后卫罗伯特·卡洛斯站在球前面。

在距离球门足足35米开外，卡洛斯进行长距离助跑后，左脚外侧一脚抡圆，皮球划出一道整体为S型的轨迹，擦着右边门柱内侧破网！

法国门将几乎没做出任何反应，呆若木鸡——在他眼中，这个明显出界的球，明明是向着角球杆飞去的。

卡洛斯的惊世任意球被世人誉为"违背物理学原理"的进球，从此以后，但凡有关精彩任意球的集锦，这个球都毫无悬念地占有一席之地。

这个球，起于平凡，终于突然。

它是对人们常规思维方式的碾压——距离如此之远，没人想到卡洛斯会攻门，但他偏偏攻门了。

它既在情理之中，又在意料之外——卡洛斯这门重炮，之前也曾在超远距离进过球，而这，既是之前进球的重演，论起难度，又是之前进球的升级版。

最重要的是，它不仅拐得出去，还兜得回来——如果没有破门，就飞出了底线。而"飞出底线"这种中国队才最拿手的进攻方式，除了拖延时间之外，没任何作用可言。

卡洛斯的进球，万古流芳。正是因为同时具备打破常规、出乎意料、效果拔群三个要素。

这就是神转折，这才是神转折！

大清乾隆一朝，有位姓王的翰林，大请宾客，为母亲做寿，纪晓岚也在被邀之列。

王翰林极力邀请纪晓岚即席做个祝寿辞助兴，纪晓岚也没端架子，当场答应。只是他脱口而出的第一句话，就让在场所有人脸色大变。

"这个婆娘不是人。"纪晓岚慢悠悠说道。

老太太勃然大怒，王翰林更是面如土色。四下里静得可怕，就在此时，纪晓岚不慌不忙吟出第二句："九天仙女下凡尘。"

王翰林长吁一口气，感觉自己活过来了，全场也跟着重新热闹起来，满堂宾客交口称赞，老夫人也转怒为喜。

就在此时，纪晓岚指着王翰林，高声念出第三句："生个儿子去做贼。"

王翰林一张脸顿时憋成了猪肝色，心想我招你惹你了？刚刚也还一脸喜庆的众人，表情显得更加尴尬，彼此之间面面相觑，不知如何是好。

纪晓岚微微一笑，悠悠念出最后一句："偷得仙桃献母亲。"

全场欢声雷动，更胜以往，老太太也喜笑颜开。至于王翰林，虽然脸上带笑，背后衣衫不觉间已然湿透，对他来说，人生大起大落，实在是太刺激了。

峰回路转，柳暗花明，无风陡翻三尺浪，这是神转折的至高境界。

诚然，纪晓岚的传说级别的表演，会让你赞叹不已，自叹弗如。但你也要知道，神转折并不是一代文宗纪晓岚的专利，读完这一章，你自会领悟到：原来神转折和摩托车维修，以及母猪的产后护理一样，不是羚羊挂角，它有迹可寻。

神转折并不是屠龙之术，它是你我也都可以学会的技巧。

熟练应用这一章的路数，你也可以在言语往来中，制造出惊人的效果，说不定某一天有人面对你时，也会像《食神》里的唐牛面对史蒂芬·周一样，禁不住大声感慨——

"我真的猜不透你啊！"

第一讲：
制造错位——君恩深似海矣，臣节重如山乎

> ——语言是一趟列车，每个词都是一节车厢。通过车厢的增加、拆卸或调换，改变列车的长度、速度甚至前进方向，从而使原本的意思发生常人意想不到的转变。

1638年9月，清军以虎狼之势，兵分两路南下。明朝廷震动不已，崇祯皇帝不得不派其股肱之臣，最为信任的大将洪承畴赴前线应敌。次年，又拜洪承畴为蓟辽总督，手握重兵，主掌大权。

战火持续到1642年时，洪承畴夜袭清军失败，导致所在的松山城被重重围困长达半年之久。城中无粮，以至于"人皆相食"。

当年3月,清军夜攻,松山城破,洪承畴等人也沦为阶下囚。

洪承畴少年得志,23岁中举人,24岁赐进士出身,37岁时,在与农民军的交战中崭露头角,并由此一路青云直上,成为明朝官场上人人艳羡的政治明星。向来多疑的崇祯帝,对他也是信任有加。这样一员大将,在当时不但身居总督的高位,还兼任半个国防部长之职,却落在清军手里,所引起的天下震动,可想而知。

与洪承畴一同被清军俘虏的高层官员,如邱民仰、曹变蛟、王廷臣等人,被皇太极亲自下令处死。作为主帅,人们想当然地以为洪承畴受天恩雨露多年,就算此时不被杀害,也毫无疑问地会选择自裁谢国。崇祯帝甚至下令三天不上朝,并对着洪承畴被俘的方向,以破天荒的王侯待遇,为其举行了隆重的悼念仪式。

似乎嫌这样都还不够,崇祯帝下令为洪承畴亲祭十六坛,并写下"悼洪经略文"的诏书,以洪承畴为楷模,让全天下人认真学习、认真体会,一个洪承畴倒下去,千万个洪承畴站起来。

这边,在崇祯帝亲自带动下,"洪承畴好榜样"的学习活动进行得如火如荼;那边,消息却猛然传来:洪承畴投降了。

起初人们还不相信,以为是"清狗"为蛊惑人心所散布的流言,但是没过多久,消息就得到了证实。

有人甚至有鼻子有眼,仿佛亲历般描绘道:皇太极不仅派遣极为宠信的文臣范文程去劝降，连他宠爱的妃子博尔济吉特氏（后来的孝庄太后）也披挂上阵，到最后，皇太极更是亲自跑到洪承畴面前，见洪承畴衣衫单薄，当场脱下自己的貂皮大衣，给洪承畴披上，"先生冷不冷？你怎么不爱惜自己的身体，知不知道大家都好担心你啊！"

眼见对方如此诚恳，于是洪承畴降了。他这一降，崇祯帝的脸可是被打得啪啪响。

洪承畴当初发迹时，曾为了感激崇祯皇帝的青眼相加，亲书一副对联，高挂于厅堂之上——

君恩深似海，臣节重如山。

如今，明朝读书人的怒火，全部集中在洪承畴头上。有人怀着满腔怒火，提笔在这副对联后各加一字。仅仅多出两个字，这幅对联的含义，便完全改变——

君恩深似海矣，臣节重如山乎？

被修改后的对联，不仅知名度远远超过前者，甚至形成巨大的人心威慑力，以至于清军入关后，洪承畴回泉州老家省亲时，受这句话影响的亲友、故旧，没一个敢登门拜访，生怕像洪承畴一样，被人戳破了脊梁骨，沦落为全天下人的笑柄。

洪承畴这一辈子，两朝为官，都取得了高官厚禄，荣华富贵取之不尽。

但事业上的成功，并不能洗白他名誉上的污点。人们对他的态度，以其投降清朝为分水岭，前后截然不同。

在此之前,他是天下读书人的楷模和标杆,无论走到哪里,都花团锦簇,极尽荣耀;在此之后,天下之大,却没有他受待见的地方,无论庙堂之高还是江湖之远,都充斥着对他的非议之声。

就连死后,他也没能得来清静。乾隆年间,他的名字被编入了听起来就不那么光彩的《贰臣传》,以他自己根本不想要的方式,流传后世。

在时艰运蹇之时,忘了"忠君爱国"四个字该怎么写,叛离原本的主子,摇着尾巴投入新主人的怀抱,这是当时的人对他一致唾骂的最根本原因。

但就算是旁人当着他的面,指着他的鼻子臭骂他,洪承畴照样可以反驳回去。可是当对方巧妙改装了洪承畴自己说过的话,再来反攻他的时候,洪承畴可一点办法都没有了。

说出来的话,等同于泼出去的水。如果可以重来,洪承畴绝对不会留下这十个字授人以柄。

现在倒好,出了门,连流着鼻涕的小孩子都知道问他:"帅锅(即帅哥),崇祯皇帝直到死,对你的君恩都像海一样深。可是你的节操去哪儿了?是就着晚饭吃掉了么?还有,山呢?莫非愚公老人家移山的时候,顺便把你这座也给移走了?"

当初,洪承畴挥笔写下"君恩深似海,臣节重如山"十个字后,街谈巷议里,人们对此事津津乐道良久。所有人都深信不疑,这将又是一段可以载入史册的君臣和睦的佳话。

然而一个"矣"字,一个"乎"字,却将这充满正能量的话语意境完全改变。结合洪承畴的行为，这句话饱含的知遇之恩、千金一诺的情怀，完全被雨打风吹去，残留下来的，只有大江东去、物是人非的感慨，以及隐藏在平静之中的深深的悲愤和无奈。

后一句话寄生于前一句，与前一句看起来是那么相像，但是意义迥然不同。

这就是神转折的第一种手段："制造错位"所产生的效果。

你可能早就发现了"错位"带来的趣味，因为总有一则"经典口误"会让你笑出眼泪——"我给大家唱一首周杰棍的《双截伦》""下面带给您的是诗朗诵：红叶枫（疯）了""我又不是不傻"……

"错位"在文学作品里屡见不鲜，它是制造冲突、形成矛盾、引发笑料的常用手段。搭错车、认错人、拿错物品……无论哪一种方式，都会让原本正常平缓的剧情，顷刻间进入让你啼笑皆非或提心吊胆的新领域。

且不说"拿错了同样的公文包，却不知道里面有一颗定时炸弹"这种会让观众加速肾上腺素分泌的极端剧情，请想象一个稚气未脱的孩子，调皮地穿了他父亲的笔挺西装，西装上衣松垮垮的，如同裙子一样罩在他身上，裤子则堆了无数个褶皱的模样，很少有人不会当场笑出声来。

可是，安装炸弹不是个容易活，换装被老爸发现后，很可能被打屁股。在语言的世界里，我们的风险和投入可要小得多——制造神转折，用"错位"的方法，进行字眼上的调整即可。

萌得所有人都不得了的《功夫熊猫3》中，有一小段你可能未曾给与太多关注，却具有其系列一贯搞笑风格的对话。

在得知"气"的伟大作用，并且亲眼目睹师父用"气"将一朵濒于枯萎的花恢复生机后，熊猫阿宝激动地表示要学这不可思议的武术。

相比于阿宝的雀跃不已，他的师父却很冷静地告诉他："你要先去好好给盖世五侠当好老师才行。"

"在那之后，我就能练习'气'了吗？"阿宝眼睛里闪着光。

师父看也不看他，道："不，我的意思是，你去教他们，我就有充足的时间练习'气'了。"

通过故意进行主语的改换（从"你"到"我"），实现语义的反转，是"制造错位"最常用的手段之一，技术难度偏低，但论其实用性和效果，用金星老师的一个词来形容就是："完美！"

现实生活中，刘德华就曾经当着媒体的面，玩过这一手。

在综艺节目《爸爸去哪儿》火爆了天的时候，许多巨星都被猜测会是参加下一季的热门人选。刘德华也被媒体追问了这个问题："是否会参加？"

对自己的妻子女儿，向来保护得很好的刘德华，既没有不给记者面子——当面断然否认或硬邦邦地回答"无可奉告"，也没有承认会参加，以免引起不必要的炒作。

娱乐圈里，听风就是雨，各种谣言向来满天飞，面对这个无论怎么回答都不会让媒体满意的问题，刘德华祭出了"错位"的大招。

"我没这个准备啊，等我回去问问爸爸，看看他肯不肯带我参加。"刘德华以一副无辜的表情回答道。

记者们都被逗笑了，这个问题自然也就不了了之。

据说昔日美国西部的大盗，可以用近乎魔术的办法，在列车行进的过程中，偷走一两节满载货物的车厢，甚至可以用空车厢来调换，以至于列车工作人员在列车靠站后，惊讶地发现货物不翼而飞时，会以为出现了魔鬼，甚至惊恐地跪在地上，长时间向上帝祷告。

语言也是一趟列车，承载着你的思想和想要表达的内容，轰鸣着驶向和你交谈的对方。当对方的火车向你开来时，你不妨也把他话语里的字眼，想象成一节节车厢。

在语言的列车上，没有任何一节车厢不能够拆卸、调换或增加——无论这节车厢是主语谓语宾语，还是介词副词连词（洪承畴以其血泪史，泪流满面提示你：还有语气词这节车厢可供调配使用）。

举个例子：找个机会以随意的态度告诉你的女神，你喜欢上一个人。

女神很可能会问：那个女孩是不是很漂亮、温柔、贤惠、体贴……

不论哪一个，只要女神口中吐出的是褒义词，你要做的，就是赶紧在第一时间，把她说出的这句话，换掉车头再开回去。

"哪有自己夸自己漂亮、温柔、贤惠、体贴……的，不过你说得倒也是事实啦。"你说。

绝大多数情况下，女神都会因为你直截了当的爱慕，以及突如其来的赞美而惊讶。就算她口头上斥你"油嘴滑舌"，但看在你嘴巴抹了蜜的份儿上，我敢把手按在《圣经》上告诉你，追求女神的万里长征路，你又前进了一小步。

尝到甜头了吧！所以，一旦你成为你头脑里铁路上的熟练工，熟练掌握了"错位"这项技能，你就会发现"语不惊人死不休"这件事，并不比吃饭睡觉更难。

最后，为了加深本讲印象，同时为了节省篇幅，请自行搜索关键词"麦兜+鱼丸+粗面"，这段不到一分钟的短小视频，处处神转折，据说已经让许多人想起来就会笑得喷饭，有人甚至一喷就是若干年。

第二讲：
声东击西——这里面到底有我没有啊

> ——声东击西不喜欢直奔主题、短兵相接的作战策略，它更擅长引蛇出洞、迂回作战。在大放烟雾弹、吸引你的注意力之后，再从你意想不到的角度，对你发动突然袭击。

（以下为郭德纲、于谦合说的相声《论过节》片段。）

两人上台。

郭德纲：来了好几千人，来听相声，来捧我们，无以为报。（转身看着于谦）其实好些观众特别喜欢您。

于谦（掩饰不住隐隐的小得意）：大家都喜欢听相声。

郭德纲：爱看于老师。

于谦：抬爱。

郭德纲：跟我合作10年了，对我帮助很大。

于谦（摆手）：不敢说。

郭德纲：（用拇指和食指比画了很小的一段距离）如果郭德纲有这么一丁点成绩的话，（指向于谦）那么完全得力于我自己。

于谦（正谦虚地笑，打算说几句客气话，听了郭德纲的话，不由得愣住了）：这个，您以后要是不介绍我，就别往我这边比画一下成吗？

郭德纲：没说完呢。

于谦：您说吧。

郭德纲（音量忽然拔高）：单丝不成线，孤木不成林。浑身是铁能打几根钉子？

于谦（点头）：这对。

郭德纲（再度把手指向于谦）：没有人家的帮助，咱能有今天吗？

于谦：不敢说。

郭德纲：借这个机会，好好地感谢一下我的夫人。

于谦（正拱起手，客气地笑，没想到郭德纲话题又转了。尴尬地咳嗽一声）：这里到底有我没有啊？

郭德纲：有你。

于谦（显得有点着急）：您说我呀。

郭德纲：要是没有你，我早就红啦。

"三翻四抖"是相声常用的技巧。为了抖开一个包袱，经常要经过再三地铺垫与衬托，讲究个循序渐进，渐入佳境。

你所听过的绝大多数相声，开场都会像拉家常一样，慢慢地把你"勾"进去，如同小火慢炖，逐步让你感受到浓郁的味道。可是以上这段相声，两人上场后只用了短短1分钟，就让台下的观众笑到爆炸。

其实两人还未进入真正主题，表演的也只是很简单、很微小的一件事情：郭德纲借这个演出机会，对多年来的搭档于谦，公开表示感谢。

这种事，平平常常，带着些许感慨和淡淡的温馨。如果郭德纲真的这么做了，台下观众自然会配合地送上掌声。

观众也会因此而内心萌发暖意，从而嘴角微微上扬，但是没有人会大笑——因为这种事而笑的人，恐怕会被侧目为疯子。然而现在，观众不但笑了，大笑了，全都笑了，有人甚至笑得不知道自己掉了假牙。

这段表演完全可以称得上是两人合作的经典片段。在许多场合，郭、于都表演过，非但每一次都"笑果"显著，甚至有的观众已经听了三遍五遍、八遍十遍，依然会发自内心地觉得快乐。

那么问题来了，为何会有如此强烈的效果呢？

肯定不是因为两人长得太帅，也不是因为观众太健忘，不记得之前曾经听过同样的段子。

观众会笑，只是因为好笑，而好笑的原因只有一个："感谢"这件事，在两人的精彩演绎下，偏离了原有的模式，形成了与预期截然不同的反差。

第一次笑声被引爆,是郭德纲看似要感谢于谦,结果感谢的却是自己。

第二次,终于看似要感谢于谦了,结果这份感谢递送出去的对象,却是郭夫人。

就算于谦脾气好,此时也忍不住了。好吧……我算是明白了,原来压根没我什么事啊。

郭德纲却说,不不不,当然和你有关,之前我不是也说,感谢你十年来的帮助吗?多亏了你呀——要是没有你,我,早,就,红,啦!

每一次,郭德纲都把话题主动往于谦身上扯,但是每一次的结果,要么与于谦无关,要么意思完全相反。短时间内,郭德纲连续三次用了同样的手段,于谦感到惊愕,观众非但不觉得腻烦,而且不停拍手叫好。

"非著名相声演员"郭德纲功力之深厚,可见一斑。当然,这也说明他所采用的这个手段,作用非凡。

这就是神转折的第二种手段:声东击西。它不仅是兵法上出奇制胜的一招,也是极其有效的语言技巧,直奔主题、短兵相接不是它的作战策略,它更擅长引蛇出洞、迂回作战。

面对你心中的城堡,它有心进攻南门,却在北门排兵布阵,先行攻打一番,等到你的精兵良将全部转移过去,再火速调兵,全力攻打南门。

此时,你的注意力已经被转移,防守已然空虚。你带着惊愕的神情,无能为力,只能眼睁睁地看着军队主力从南门长驱直入，城头变幻大王旗。

说到"声东击西"，必须将其与另外一种国人常用的、与其相类似的语言方式进行区分。

作为千年文明古国，历史悠久的礼仪之邦，我们的传统文化，造成了我们深沉、含蓄的性格，直白点说，就是不那么直截了当——多数情形下，"直抒胸臆"很可能被看作是精神病，而"开门见山"则是很失礼的事情。如果话说得太急太冲，总会有长辈提醒我们："委婉，委婉一点。"

所以，日常对话里，我们用"委婉"这种云遮雾绕、山路十八弯的对话方式，把心中的所思所想，牢牢地揣着，绝不会在一见面的时候就说出来，唯有在一来二去三客套的应酬后，才会把真实的想法透露。

赵本山的春晚小品《拜年》就生动描述了类似的场景：养鳖大王赵老蔫想知道乡里的鱼塘下一期是不是还由他来承包，因此在过年期间特意带着老婆去乡长家里，拜年之意是假，询问鱼塘是真。

很简单的一件事，赵老蔫夫妇偏偏不好意思直接说出口，而是不断地东拉西扯，甚至挖空心思，给乡长戴高帽——你今天去银行，明天跑科委。你真是操碎了心，磨破了嘴，身板差点没累毁，还给寡妇挑过水！

直到被乡长以"你们有事儿就说事儿，要是没事儿的话，哎，我可走了噢"的话语堵住了退路，两人才扭扭捏捏地表明了来意。

"委婉"和"声东击西"是远房亲戚，但"委婉"从来不是"神转折"这个家族的一员。

虽然赵老蔫夫妇态度谦卑，言辞委婉，但乡长知道，这两人就是奔着鱼塘而来的，话根儿离不开"鱼塘"二字。所以乡长只要候着这两个字，就不怕对方任何的言语试探，无论他们说什么，都在乡长意料之中——都被猜到了，不要说神转折，就连转折也谈不上了。

"声东击西"则不然，它要让人意想不到，超出对方的心理预期。

假设赵老蔫告诉乡长："明年我上山种果树去，鱼塘我不承包了。"这就不符合乡长的心理预期，他甚至还会主动追问："您老的鱼塘弄得好好的，为什么不承包了？"

赵老蔫当然不会真的去上山种树，这只是他声东击西的策略而已。但这样一来，就由乡长主动挑起了"鱼塘"的话题，无论接下来怎么回答，主动权都牢牢握在赵老蔫的手里了。

侦探小说读多了，你会发现一个共同点：最像犯人的那个人，往往不是犯人。

也是。如果犯人那么好猜，读者早就失去兴趣，谁还会花钱买来看啊。

那些喜欢玩弄读者心思的"可恶"作者们最喜欢做的，就是绞尽脑汁、故布疑阵，让你把所有的怀疑的目光，都逐渐聚焦到一个人身上。直到真相大白的那一刹那，发现犯人是你此前一直忽略的那个人——"想不到居然是你""怎么会……为什么你会……"之后,你总会惊讶到合不拢嘴巴。

为什么一部侦探小说里,总会出现许多不相干的人物?诚然,砍掉这些枝枝蔓蔓的角色,也不会对故事主线造成任何影响。但正是这些人物的存在,起到了"声东击西"的效果,才让你合上书卷时,还忍不住回味和咂摸。

一本书如此,一句话也是如此。请记住,平铺直叙的言语就像是没加任何调料的清水挂面,你永远不要指望它能给人留下多么深刻的印象。

如果你想对暗恋多年的男神表达爱意,在你不确信对方喜不喜欢你甚至认不认识你,你又自认和林志玲这样的女神有差距时,与其豁出去一切,硬邦邦地告诉他"我爱你",不如采用下面这段话的方式,很可能就让见惯了寻常套路的男神眼前一亮,对你的印象值也随即提高几分——

我今天才知道这些冷知识:

1986年是上次哈雷彗星出现的年份;
直布罗陀海峡沉睡着神秘的亚特兰蒂斯;
很意外,懒懒的河马跑得居然比人还快;
喜剧演员卓别林卸了妆其实是个"大帅锅";
欢乐的是,打火机发明年代比火柴还早;
你什么时候会发现,我想要对你说的话,是藏在每一行句首的单字?

第三讲：
半路换车——天啊，她去世两年了

> ——"半路换车"强行把我们笔直的思绪猛地拽到旁边另外一条路上。惯性的思维模式被中断，在本能的惊愕中，我们对此事件的印象更为深刻。

电影《心灵捕手》讲述了一名在数学方面有着无与伦比的天赋的叛逆少年如何在旁人帮助下克服童年阴影与心理障碍去勇敢追寻梦想和爱情的故事。

这名叫做威尔的少年，堪称聪明绝顶。他没有受过系统教育，却可以接连两次轻易解开麻省理工学院数学教授布置的世界级难题。但与此同时，他又劣迹斑斑，叛逆不羁，接连犯下故意伤害、偷车甚至殴打警察等罪行，所积累下来的案底，让见惯了像他这样的少年犯的法官都感到惊讶。

法官将其关进少年监护所，但数学教授看重他的天赋，不但通过关系将其保释，而且专程请来自己的大学舍友桑恩来帮助他。

在相处过程中，威尔和桑恩大多数时间都保持沉默。两人都不知道该如何打破坚冰，直到有一天，威尔坦承自己刚刚和一个明慧美丽的女孩约会过，却因为不想破坏她在自己心中的完美印象，而不想再去找她。

威尔的经历对桑恩有所触动，于是，桑恩主动提到自己的妻子。

开口之前，桑恩犹豫了一秒钟："我太太一紧张就放屁。她有各种奇妙的小特质，你知道吗，她睡觉时会放屁……呃，很抱歉和你说起这个。"

威尔没想到桑恩会说这些，他先是感到惊愕，紧接着忍不住狂笑起来，甚至笑得有些喘息。

桑恩脸上也漾起了微笑："有天晚上，声音大到吵醒了狗。"

威尔笑得眼睛眯成了一条线。

桑恩："她醒来问道：'是你（放的）吗？'我说是，因为不忍心告诉她事实。上帝啊！"

威尔感到难以置信，忍不住打断了桑恩的话："她把自己臭醒？"

桑恩点头，威尔开怀大笑，简直无法抑制。

桑恩双目低垂，声音带着感慨："天啊，她去世两年了。"

威尔的笑声戛然而止，像是喉咙里忽然塞进一个硕大的核桃。他嘴角缓缓垂下，连连眨着眼睛，眼神里写满恍惚，神色中包含惊讶。

稍作停顿，桑恩继续说道："而那是我记得的事情。像那样的小事很奇妙，那是我最想念的事。这些小特质让她成为我太太，她也知道我所有的小瑕疵，人们将其称为不完美。其实不然，那才是真正的好东西，能选择让谁进入我们的世界。"

威尔静静地望着桑恩，和之前两人相对无言不同，这一次，这个叛逆的少年和这个一头乱发、络腮胡子、不修边幅的中年人之间的距离似乎更近了。

桑恩还在继续讲着，此前的他，从未一口气说这么多的话。而威尔，也从未像现在这样，认真去倾听、理解桑恩所说的内容……

1998年上映的《心灵捕手》票房、口碑大丰收，更是一举拿下"第70届奥斯卡最佳原创剧本"奖。《亚利桑那每日星报》撰文称该片"一个个小小的环节都闪烁完美的微光"。

上文所举的内容，正是其中一处"微光"所在。在此之前，威尔已经恶作剧般撵走了前来辅导他的知名心理学家、资深催眠师，但是面对眼前这位没有高高在上的架子、略有些憔悴和忧伤的心理学教师，威尔却奇迹般地敞开了心扉。

威尔不知道桑恩为什么突然会对他说起自己妻子的糗

事，但对他来说，这件事实在太好笑，以至于他自顾自地差点笑出眼泪。但就在他尚且沉浸于此无法自拔的时候，桑恩忽然告诉威尔他的妻子去世两年了。

虽然威尔脸上的笑容还在惯性作用下无法立即收住，但他放大的瞳孔和猛然刹车的笑声，证明他根本没有想到桑恩会说出这样的话。

如果桑恩一开始就告诉威尔，自己的妻子已经过世了。威尔或许会表示同情，但这件事在他心头留下的印象，如同洁白的桌布上落下的一颗微尘，不需要用力，只需要轻轻一拂，就可以把它抹去。在此之后，威尔不会再挂念这件事情。

但是桑恩先将一个发生在两人之间的有些私密、有些低俗、还有些难以想象的事件，娓娓道来。如同在威尔面前，慢慢铺开香榭丽舍大道东段的恬静风光，威尔不知不觉就踏上了这条路，跟着桑恩漫步下去。

本以为道路会通向卢浮宫，但是路的尽头，却是漫无边际的海洋。汪洋恣肆的海浪，拍打着岸边岩石，绽开的每一朵浪花，都象征着桑恩对妻子的情感，不思量、自难忘。

也只有在这样的情景下，经历了意想不到的转折，威尔才深切地感觉到桑恩有多么爱他的妻子。这件事给他留下了极为深刻的印象，也在一定程度上，改变了他此后对待感情的方式和态度。

或许桑恩是出于有心，或许是出于无意，但无论如何，他的话语都淋漓尽致地体现了神转折的第三种手段——"半路换车"的效果。

我们绝大多数人，都没有周伯通"左右双手互博"的本事。我们和古老的计算机一样，同一时间只能思考并处理一件事情。

我们的思维是线性的，向前向前，一直蔓延。而"半路换车"则强行把我们笔直的思绪猛地拽到了另外一条线路上。惯性的思维模式被中断，我们本能地产生惊愕。而这种惊愕，不但会让我们加深对此事件的印象，甚至有可能改变我们的思考方式及行为模式。

日本某成衣商店开业之初，用大幅广告宣传"开业7天内，每位顾客消费满1万日元，即赠送玩偶1只"，在所有人看来，这都是一个平常甚至平庸的销售策略，玩偶再可爱，又有何用？给个大幅度的折扣，岂不是更加实惠？

但是5天后，广告后面悄然多了一行字："持有玩偶的顾客，可在半月内，享受全场最低3折优惠！"

这下子，店里炸了锅。

顾客已经接受并且习惯了"没有优惠"的信息，但突然间，"没有优惠"变成了不敢相信的、超大幅度的"最低3折优惠"，转折来得太突然，幸福也来得太突然。

之前选择观望、觉得商品可买可不买的顾客，购买金额没有达到1万日元的顾客，甚至之前的老顾客，都蜂拥而来，赶在这最后2天，为获得超额的折扣而疯狂下单。

知道现场有多"惨烈"吗？广告当天，店内商品便被抢购一空，到最后，连双袜子也没剩下。

对比前一讲，"半路换车"与"声东击西"其实颇有相似之处，但是两者又存在显著的不同。

以今天晚上你带你的女友去吃饭为例。你告诉她今晚你们吃川菜，她也高兴地答应了，但其实你知道，她更中意的是西餐。

"声东击西"的策略是你发给她美好的川菜图片，又给了她一个地址。但当她下班后，赶去和你会合时，下了的士才发现，面前是西餐厅。而你，站在店门外，一脸微笑地等着她。

"半路换车"的策略则是你把女友顺利地带到川菜店，两人在桌旁坐下。你甚至像模像样地和她一起点了菜，但是已经被你"收买"的店家，端上来的不是夫妻肺片和口水鸡，而是烤香草羊排配薄荷少司，甜点则是她大爱的提拉米苏。

两种手段并不存在优劣，若是用心，无论哪种方式，都可以给你的女友制造惊喜。但比起前者的烟幕弹，后者需要更有耐心的布局。

为了实现后者，你必须和对方一起，先走一段寻常路，对方在这条路上越走越顺，也就越来越习惯，越来越不加防备，在这时候，你才有充足的机会，来实现剧情的反转。就好像桑恩在讲述妻子过世前先讲了她放屁的故事、日本服装店在搞大特价之前先搞了几天没有特价的销售一样。

这也是许多好莱坞的 B 级片喜欢玩的路数——比如一部血浆四处飞溅、让人怀疑道具组不差钱的电影，讲述了热带雨林里的探险家们，与具有高度智慧且残忍的食人鳄经历数次血战、牺牲了无数同伴后，终于将这条鳄鱼置于死地的故事。

当幸存的探险家相拥而泣时，舒缓的背景音乐响起，荧幕前的观众跟着主角提心吊胆了这么久，终于跟着松了口气。但紧接着，镜头一转——雨林里的某个角落，乳白色的蛋壳破裂，食人鳄的后代们悄然孵化。观众们的心再度揪了起来，一场可想而知的腥风血雨，正在酝酿当中。

最后，应用本章的知识点，让我们共同来做一道练习题：

某报纸曾经刊载过这样一个问题，邀请读者竞猜：某富翁娶妻，面对三个各方面条件都极为出色的女孩子，富翁迟迟不能决定和谁走近婚姻殿堂。

最后，富翁决定测试三个女孩的聪慧程度。他给了三个女孩各一百元钱，让她们用这笔钱买来东西，填满一个空房间。

第一个女孩买来棉花，蓬松松的雪白棉花，只占据了房间面积的四分之一；

第二个女孩买来气球，吹得鼓囊囊的气球，只占据了房间面积的二分之一；

第三个女孩买来蜡烛，点亮后，整间屋子都被光线照亮了。

请问，富翁最后选择了谁？

读者的反应非常踊跃，短短几天时间内，这个开放式问题迎来了无数的答案。绝大多数人把选票投给了第三个女孩，但报纸最后公布的答案，只有短短一句话，不仅出乎绝大多数人的意料，更让读者在惊愕之余发出会心的微笑，且感到折服。

　　这也是一个完美符合本讲"半路换车"宗旨的答案,你猜到了吗?

　　其实很简单:富翁选择了三个女孩中,胸部最大的那个。

第四讲：

混搭妖娆——楼上花枝笑独眠

> ——"混搭妖娆"意味着通过巧妙的嫁接，将具有相同或类似属性、原本风马牛不相及的事物连缀在一起，从而呈现出全新的效果，甚至与此前截然不同的新形态。

古龙的武侠大作《武林外史》中，有这样一段故事：

侠女朱七七跟踪"云梦仙子"手下的白云牧女，来到洛阳城。为了调查被白云牧女带走的一众武林侠客的行踪，朱七七不惜只身犯险，深入到某座气氛森严，仿佛王侯府邸的深宅大院之中。

但朱七七没有想到，虽然她始终保持小心谨慎，却还是被"云梦仙子"的儿子王怜花发现。想要逃脱的她,使出浑身解数,仍然被武功远胜于她的"云梦仙子"举手投足间,不费吹灰之力制住,并关入地牢之中。

朱七七困倦之极,不由得昏睡过去。醒来后,发现王怜花赫然站在面前,并对她隐隐有不轨之举。

朱七七早已对沈浪心有所属,对他自不动心。但王怜花误以为他此时易容为极丑男子的外表,不讨朱七七欢喜,于是顷刻间,用神乎其神的易容术,接连把自己变化成唇红齿白的脂粉少年、剑眉虎目的男儿铁汉、通达世情的成熟男子、虬髯如铁的莽壮汉子。

当发现朱七七依然不为所动后,王怜花接连展示了少林、武当等各大门派的不传之秘,以及绝世的才情——不仅用古人绝句来为武功命名,而且绝句来自不同的名家,被他妙手拼接在一起,简直是浑然天成。

(以下为原文)

只见他(王怜花)长袖突然翻起,如流云,如泻水,招式自然巧妙,浑如天成,口中却朗声吟道:"自传芳酒翻红袖,似有微词动绛本……"

这两句上一句乃是杨巨源所作,下一句却是唐彦谦绝句,他妙手施来,不但对联浑成,而且用以形容方才那一招亦是绝妙之句。

朱七七不禁暗赞一声,只听绯衣少年"绛本"两字出口,衣衫突然鼓动而起,宛如有千百条青蛇,在衣衫中窜动,显然体内真气满蓄，纵不动手，也可伤敌，绯衣少年口中又自朗吟道："雾气暗通青桂苑，日华摇动黄金袍。"

这两句一属李商隐，一属许浑，上下连缀，又是佳对。

绯衣少年左手下垂，五指连续点出，身形突转，右手已自颊边翻起，身形流动自如，口中吟道："垂手乱翻雕玉佩，背人多整绿云鬟……"

右手一斜，双臂曲收，招式一发，攻中带守，绯衣少年口中吟道："纤腰怕束金蝉断，寒鬓斜簪玉燕光……"

吟到这里，他身形已回旋三次，手掌突又斜挥而起，道："黄鹂久住浑相识，青鸟西飞意未回。"

朱七七脱口道："好一着青鸟西飞意未回。"

绯衣少年微微一笑，左掌突然化作一片掌影，护住了全身七十二处大穴，口中吟道："帘前春色应须惜，楼上花枝笑独眠。"右掌掌影中一点而出，石壁一盏铜灯应手而灭。

他身形亦已凝立不动，含笑道："如何？"

方才他所吟八句绝句，一属李商隐，一属杨巨源，一属薛逢，一属李贺，"浑相识"乃戎昱之诗，"意未回"又属商隐，"帘前春色"乃岑参所作，"楼上花枝"却是刘长卿之绝句。

这八句不但对仗工稳，而且俱是名家所作，若非烂读诗书，又怎能集得如此精妙？那几式武功更是流动自如，攻守兼备，江湖中寻常武师，休想躲得过他一招，瞧到此处，朱七七也不禁叹道："果然是文武双全。"

不怕流氓会打架，就怕流氓有文化。

许多读者对于"千面公子"王怜花的喜爱，尤在《武林外史》的男主角沈浪之上。这个亦正亦邪的人物，一出场就自带明星光环，文武双全，惊才绝艳，所学之杂，涉猎之广，江湖中没有第二个人能比得上。

如此天纵奇才，在古龙洋洋大观的武侠小说里，虽非独一无二，但如他这般一出场就赢得满堂彩，堪称前无古人、后无来者。

与其相近的人物，楚留香系列《蝙蝠传奇》里的蝙蝠公子原随云算是一个。无论家学渊源，还是文韬武略，他都与王怜花颇为相似。原随云粉墨登场时，古龙这样描述：

"这少年已站在门口含笑相迎。他笑容温柔而亲切，但一双眼睛里，却带着种说不出的空虚、寂寞、萧索之意，向楚留香他们长长一揖，微笑着道：……"

与其说蝙蝠公子比王怜花低调，不如说古龙对王怜花更加喜爱，在这个人物身上倾注了更多的笔墨，而同样作为超级大BOSS，王怜花之所以硬生生压了蝙蝠公子一头，诸多混搭的诗词可谓绝妙的加分项，在打动了对他已有成见、眼光极高的朱七七的同时，也让许多捧着书本的读者双眼放光，回味再三，惊叹不已。

如斯威力，凭的便是神转折的第四种手段——"混搭妖娆"来实现。它意味着通过巧妙的嫁接，将具有相同或类似属性、原本风马牛不相及的事物连缀在一起，从而呈现出全新的效果，甚至与此前截然不同的新形态。

换句话说，就像是用端砚、徽墨、宣纸、湖笔等带着浓郁中国风的文房用具,去画西式的油画所造成的全新感观;或像是黑色人种与白色人种相结合,所生出来的"巧克力男孩"。

有段时间,网上流行古诗词混搭的恶搞风潮。这股风潮的灵感,是否来自于古龙的小说,不得而知。虽然无论才情还是意境,都无法和王怜花相提并论,但不得不承认,各路网友的确有才,混搭之后的作品,实在是太让人想不到、太好笑了。

又比如"洛阳亲友如相问,轻舟已过万重山。"(是欠了人家钱,所以跑这么快吗?)

比如"少小离家老大回,安能辨我是雄雌。"(去的是泰国吧。)

再比如"江州司马青衫湿,宣城太守知不知?"(好一座唐朝的断背山。)

这其中,更是产生了法力无边的两句古诗——"自挂东南枝"与"一枝红杏出墙来",它们甚至可以与任何其他诗词,都实现无缝对接,并激发神奇的化学反应。(随手一例:二十四桥明月夜,玉人自挂东南枝;窗含西岭千秋雪,一枝红杏出墙来。至于其他,请自行尝试。)

看到这里,你或许会问:所谓混搭妖娆,是不是只有古诗词这一招?

当然不是!

混搭是不是就是乱炖?不管什么菜,反正一股脑儿扔进锅里就行了?

当然不行！

混搭看似随意，实则匠心独运。它对原则、技巧和分寸都有要求——你穿灰色西装外套，搭配黑色小脚裤与牛津鞋，是2015年度最佳街拍模特刘雯的style；若是上身西装，下身沙滩裤加拖鞋，就只能和本山大叔搭档去演小品了。

曾经有一首歌席卷大江南北，在无数城市的街边洗头房、两元店和烧烤摊旁边的破旧音箱里，不知疲惫地唱响：

手牵手一步两步三步四步望着天，
你却把别人拥在怀里。
无论情节浪漫或多离奇，
我的爱就有意义。
我唯一爱的就是你……

这首名为《刺激2005》的歌，由23首歌混搭而成，仅节选的这一部分，就涵盖了周杰伦的《星晴》、陶晶莹的《太委屈》、羽泉的《彩虹》、梁静茹的《勇气》以及王力宏的《爱的就是你》的精华。

看吧，不只是古诗词，歌词一样可以实现混搭。

试问，看到这段歌词时，会不会至少有一句，让你的脑海里自动有旋律响起？如果有，那就对了！

所谓"混搭妖娆"，混搭只是表现形式，之所以妖娆，是因为背后有一个极为重要的法则支撑，也正是靠着这个法则，混搭才得以在销魂了文字的同时，惊艳了你。

它必须从你熟悉的内容出发，这样才能够让你的思维跟得上。出发的第一句话，可以是"月落乌啼霜满天"，也可以是"快使用双节棍，哼哼哈兮"，这些内容都在你的认知范围内，因此旁人一张口，你就自然会联想到接下来的内容。

唯有如此，突然进行混搭，才会背离你的期待，与你原本预想的情况不符，从而出乎你的意料。若"月落乌啼霜满天"下一句的画风突变为"一枝红杏出墙来"，就把你嗓子眼里那句"江枫渔火对愁眠"生生地堵了回去，于是你瞪大眼睛，哑然失笑。

但如果第一句是你听也没听说过，颇为生僻的"心寄碧流空婉娈"，你脑子里只会想——这是什么鬼！接下来无论接什么古诗词，都不会让你感到意外。因为此时你的思维，还处于离线状态。

记住这一点，再去练习的话，想要熟练掌握"混搭妖娆"这门技巧，对你来说只不过是时间的问题。在这方面，无论是郭德纲的"包子有肉不在褶上，在乎山水之间也"，还是苗阜、王声的"宝钗说：'皇叔，洒家在盘丝洞等你。'"都是值得你学习、借鉴的对象。

行文至此，为感谢你认真读到这里，再独家传授一招混搭的王牌——四个字：灵机一动。

这四个字，不冷僻，人人皆知，也不容易因为读音造成理解上的困难，但若是将它放在你的日常语言里，尤其用来描述你平常的生活时，它会产生如同往可乐里面放入曼妥思一样，产生瞬间沸腾的奇妙的化学反应。

造句一：早晨起床时，我灵机一动，伸了个懒腰。

造句二：望着班主任走进教室，我灵机一动，放了个屁。

职场实用指南之神转折

何以修得神转折?

以前看武侠小说,超羡慕梁羽生、金庸描写的那些高手,作者往往会在若干描述形容之后总结一句——此人"内功已臻化境",以至于"摘叶飞花"皆可杀伤敌人,太牛了!

什么叫"化境"?就是"出神入化的境界",就是你在某个事情、某一方面修炼到最高境界之后,可以随心所欲了,怎么着都行、怎么着都成。

按此理解,所谓"神转折",就是把语言表达中的"转折、意外、反转"这些招式玩到出神入化的境界。这可不容易。

但凡要摘仙桃、抢灵芝、挖宝藏,不打掉 N 个怪,不穿过几道关,那绝对休想!所以,你要想修到"神转折"的境界,至少也得过三关。神转折是终极境界,在此之前,你必须一级一级地闯过"猪转折""人转折""鬼转折"的迷阵,才能豁然开朗、悟得大道。

转折之道,贵在意外。猪转折,就是猪都知道你要转折了,还有什么意外可言?猪转折,专属杀器是两个字——你猜到了吗?

但是,悠悠万事,一"但"就完。因为一旦你给了自己随意说"但"的权利,你就等于随时都会关上开放、交流之门,你总是试图表达自己的意思,而用"但是"来把对方的思想和观点拒之门外。

你说得对,但是……

你做得很好,但是……

我很想支持你,但是……

我非常欣赏(喜欢)你,但是……

够——啦!!!很多人都会有刻骨铭心的经验吧?在某个充满祈望的时刻,对方一个"但"字出口,好比希望之门瞬间轰然、决然地关闭,又好比一盆凉水肆无忌惮地当头泼下。总之,你是恨不得立刻离开这个失望尴尬郁闷伤心的场景,恨不得这个话题从来不曾发生也从来不曾谈起。

人转折,比猪转折的境界高,是"人为制造的转折",往往是在不该转的时候硬转。典型例子:我给你讲个笑话。(好!)BALABALA。(没笑意。)……(没笑意。问:然后呢?)或者:我有一个创意。(好!)BALABALA。(没表情。)……(没表情。问:然后呢?)

然后呢?这三个字可算是人转折的撒手锏。尤其是面对那些嘚吧嘚的自恋狂,或者用来表示你真心无感,这一招绝对管用。

"这个婆娘不是人,九天仙女下凡尘;生个儿子去做贼,偷得蟠桃献母亲。"这首诗用的是典型的"鬼转折"技巧,其特征是:忽正忽反,一上一下,一会儿天堂一会儿地狱,一半是海水一半是火焰。"转折之道,贵在意外",鬼转折深得此道之精髓,兜兜转转,其目的就是要让你迷糊:"请问你说的这是什么鬼?"所以,鬼转折的缺点是有时候会让人感觉堆砌、夸张、不真实。

过了猪、人、鬼三关,我们可以稍微摸到神转折的门了。既然叫神转折,那就一定不会那么简单粗暴、那么生硬勉强、那么夸大其词,对吧?能够以少胜多,才算神乎其技。神转折的武功心法,只有两个字,不是"仁者无敌",而是"真假"——假做真时真亦假,无为有处有还无;真也许会害怕,假也许更好吧,真真假假不要追查。

《天龙八部》第三、四章,回目叫作"马疾香幽,崖高人远",写段誉初遇木婉清,然后为南海鳄神所擒。过程中各种惊险、各种香艳,我都记不太清,唯独对于南海鳄神要强逼着段誉拜师的这一段话,N年过去依然印象深刻,差不多还能背出来:"你快跪在地下,苦苦求我收你为徒;我假装不肯,你便求之再三,大磕其头,我才假装勉强答允,其实心中却十分欢喜。这是我南海派的规矩。"

南海鳄神,邪中有正;四大恶人,亦假亦真;天龙幻境,转折之神。

这是小说中编出来的,要谈到对职场中人的借鉴意义,就没有下面这一则历史故事来得真实。

话说楚汉相争三年，战局越来越进入白热化阶段。韩信按照刘邦的部署，打下齐国，（韩信在北面）与西面的刘邦呼应，形成对东南方向的项羽的钳击之势。按司马迁的记述，这时好戏上演了。

韩信派人向刘邦提出申请："齐边楚，权轻，不为假王，恐不能安齐。"

这相当于奉命组建分公司之后，就自告奋勇要担任"代理总经理"。这岂不是赤裸裸地伸手要地盘、要待遇、要权力吗？而且，措辞中还带着不止一丝半点儿的威胁意味。

刘邦很生气！大怒！大骂！这时张良、陈平充分发挥出谋臣的作用，悄悄提醒他。

刘邦马上醒悟了，而且还继续大骂："大丈夫定诸侯，即为真王耳，何以假为！"——你TM男子汉大丈夫，要做就做真的总经理，代理个毛线！齐王，给你！做！

大约一年之后，项羽兵败垓下，刘邦旋即夺了韩信的兵权，把他从齐王改聘为楚王，再过一年，又从楚王降为淮阴侯任用。

真假之间神转折，刘邦的帝王术炉火纯青，我真服了。

神转折，核心宗旨在一个"变"字。这个字不好理解。哲人说：唯一不变的是变化本身。北京大学李零教授精研《孙子兵法》，他有一本诠释《孙子兵法》的书，名字就叫《唯一的规则》——没有规则，这就是唯一的规则。

《孙子兵法》其实也给出了四个字，"奇正相生"，让我们可以更好地理解变化、理解变化与规则。

孙子说："战势不过奇正，奇正之变，不可胜穷也。"

战势不过奇正，职场不过你我。职场，岂不就是由你、我、他，由你们、我们、他们，由我、我们、咱们组成的？一个人在职场的变化之道、发展之道，岂不也就取决于他怎么看待、怎么处理、怎么调和你、我、他的合作与冲突关系？

初入职场的人，血气方刚，争强好胜，难免考虑自己的得失较多，容易"一'我'障目，不见泰山"，这叫"我字当头"。等到知道要兼顾他人的时候，才会改变立场和策略，强调"以我为主"——那表示还会兼顾其余嘛；我字当头，我，是第一位的；以我为主，我，退到了第二。

太多太多的人，在职场打拼、打磨N多年，未必就能让这个讨厌的"我"字稍退一步半步。试想，如此执着于"我"，不知奇正相生，这种人的职业生涯能取得多大发展呢？以我的观察和理解，答案实在很不乐观。

沟通与协作，是职场老生常谈的话题。诸如"缺乏沟通"、"缺少协作"，或者"要加强沟通""要搞好协作"等套话，永远是面对困难和责任时人人会用的"搪塞万金油"。事实上，沟通与协作，永远都会存在问题；或者说，组织中的沟通不畅、协作不力问题，永远都会存在——即使是在一个只有两个人的组织里。

大家都是独立的个体，既然有你、有我，就必然会有矛盾、有对立；既然你我各有立场和利益，各有职责和目标，那么本位主义一定在所难免，一定会有时沟而不通，有时不协而作，有时"我本将心向明月，奈何明月照沟渠"。

这样看来，"以我为主"也行之不远，那就必须进入更高一层境界——"你中有我"。

职场中每天都会遇到职责、目标、观念、方法以及进退得失等诸多方面的矛盾与冲突，各种博弈思想和手法因而大行其道，导致内部沟通成本不断增加，管理难度越来越大。究其原因，就在于大家的本位意识太强，而协同意识太弱；过于强调竞争力，而忽略了怎么发挥合作力。

深圳市从2015年开始，大力宣传和推动机动车的"拉链式并道"（也叫拉链式通行），对缓解交通拥堵、增强市民共识有一定的效果。顾名思义，所谓"拉链式并道"，就是两车道并一车道的时候，右边过一辆车，左边再过一辆，然后右边又过一辆，这样反而复之，交替前进。

你让一步，我让一步；你进一步，我进一步。拉链式通行，正是有效解决职场协作与竞争冲突的"你中有我"的绝佳方案。

职场之有你我，恰如战场之有奇正。很多人只知有"我"，不知有"们"；只知"人人为我"，不肯"我为人人"；只知"我字当头"，不知"你中有我"。殊不知，小我与大我，本位与全局，其中就体现了组织中奇正相生的变化与发展之道；你和我，我和我们，我们和我，原本就是一种相辅相成的奇正关系，而只有那些能妥善处理两者之间奇正变化的高手，才能举重若轻，成为步步为赢的职场大赢家。

第三章　标语万岁

　　明朝的徐九经曾经在大堂上画了一棵菜,上题:"民不可有此色,士不可无此味。"他走后,百姓将他画的菜刻在石头上,并写下"勤""俭""忍"三字,称为"徐公三字经"。这三个字在中国政治史上可圈可点。

　　——王春瑜 《一碗粥装得下半部历史·说说古代的清官》

前言:
十年之内,把人类送上月球!

那个黑人站在台上,结实的拳头紧握,眼中燃烧着熊熊怒火。

你抬起头仰望他,这是第一次,你距离他如此之近。你发现他的身躯魁伟而厚实,比锡安的城墙更加坚不可破。他的目光如炬,刺破了虚拟的天空,这个比所有人都率先苏醒的男子,如先知般洞悉了母体和矩阵的秘密。

你缓缓转头,发现所有人都屏住呼吸,带着敬畏仰望着他。

"了不起的领袖!"有人窃窃私语。

他开口了,声音低沉而嘶哑,带着浓浓的硝烟气息。

"……电脑召集的机器兵团,正在逼近我们的家园……想要赢得这场战争的胜利,首先要斩除内心的恐惧……今晚,让我们向机器兵团宣战!……"

他忽然嘶声狂吼,声音在你耳边炸裂:"这就是锡安!

而我们无所畏惧！"

你感到热血上涌，太阳穴突突地跳，眼睛里湿润一片。

你死死咬紧牙关，牢牢握住手中的武器，所有的怯弱和担忧烟消云散。

就算声带撕裂，你也要举起拳头，不顾一切地跟着他狂吼，反复狂吼——

"这就是锡安！"

若把"标语"比作空气般无处不在，则显得夸张了些。但它的确充斥在你生活的各个场合之中，频繁地在你的视网膜上留下印记，甚至以不可阻挡之势，长驱直入到你的记忆深处，安营扎寨。

比如"好好学习，天天向上"，再比如"广阔天地，大有作为""小草青青，请勿践踏""来也冲冲，去也冲冲"……它们频繁地在你眼前飘来荡去，你对它们无比熟悉。虽然你可能很难给它们下一个准确的定义，但你或多或少能说出它们所具有的显著特点。

比如，"煽动性"——

标语与生俱来具有蛊惑人心的力量。它的每一个笔画，都仿佛带着小勾子，哪怕你八风不动、古井无波，标语也有魔力吹皱你心中的一池春水，勾得你体温升高，情不自禁地蠢蠢欲动。

就像锡安城里的居民，在墨菲斯的鼓动下，热血激荡，誓与母体派出的机械大军决一死战一样。面对共同的敌人，他们放下彼此间所有的成见和争议。原因很简单,"这就是锡安",是他们这些不愿生活在母体里的人类最后的净土,是人类自由意志硕果仅存的伊甸园。

就像参加抗日战争的士兵,在战场上抛头颅、洒热血一样。两军对峙、炮火连天,在双方势均力敌的情势下,要想把对方生生吃掉,没有任何诀窍,到最后,拼的就是一个"勇"字。

此时,所有战前动员都显得苍白。为什么关键时刻,共产党的军队往往能够取胜?是因为总有可敬的、不怕死的将领率先冲出战壕,挥舞驳壳枪,振臂高呼:"同志们,跟我上!"

眼见将领已经做出了表率,战士们自然不会让其一个人去战斗。同仇敌忾之心,就这样被激发。尽管军事化装备处于劣势,但凭着一腔热血,照样可以铸就坚固的钢铁长城与锋锐的破敌之刃。

再比如,言简意赅——

如果你是一名云游四海的僧人,以劝人行善为己任。当发现有人杀生时,你是大喝一声"放下屠刀,立地成佛",以醍醐灌顶之势,先把对方拦住,还是絮絮叨叨地给对方念一段《地藏菩萨本愿经》?

标语将语言简洁到极致,挤掉了所有的水分,只留下并且只承认干货。它不是披金挂玉、华而不实的锦绣九环刀,也不是剑走偏锋、奇技淫巧的子母鸳鸯铖,它是冠绝天下、例不虚发的小李飞刀——锋锐、简单,没有任何装饰和花哨,刀锋一现,直入人心。

你对好莱坞动作片中这样的场景并不陌生：全副武装的特警部队重重包围了匪徒的老巢，在迅速侵入后，一声声短促有力的"Freeze"随之响起。

这时候，没有什么长篇大论，就连"你有权保持沉默，但你所说的一切将作为呈堂证供"这句著名的米兰达警告也派不上用场。想要最短时间用言语将匪徒慑服，除了这个字眼，不作他想。

同理，我们小时候可能都听过这个故事：鲁迅少年时代在三味书屋读书，因为迟到被老师批评，而在书桌右上角刻了一个"早"字来鞭策自己，从此再不迟到。

一个"早"字，胜过千言万语。如果他刻的是"今天我因为迟到，被老师批评，害的我整个人都不好了。我对天发誓，从此以后再也不迟到。"这絮絮叨叨的话有没有效果暂且另说，但他一定会因为在课桌上乱涂乱画而被老师罚款吧。

美国于20世纪60年代至70年代初，组织实施的载人登月工程（"阿波罗"计划），堪称世界航天史上具有划时代意义的一项成就。

当初，对这项计划的概括阐述是："利用我们技术的创新能力，修建一座通向人类未来的桥梁。"而美国前总统肯尼迪在面对媒体时，聪明地把这句话修改为："十年之内，把人类送上月球！"

比起前者的平淡无奇，后者这句既带有极强煽动性又言简意赅的标语，在从肯尼迪口中说出的那一刹那，便产生了轰动效应：科学家很激动，因为可以亲手创造历史；普通人也很激动，因为可以亲眼见证历史。为了实现这一目标，全美国都跟着高速运转起来。在计划高峰时期，超过2万家企业和30万人参与其中。

事后，有研究机构对此评估，得出一个极具震撼力的结论：这句标语有可能让美国的登月行动，提前10~15年实现。

这，就是标语的魔力！

第一讲：
一锤定音——你们的肥皂是尸体炼成的

> ——一锤定音以最简明扼要的方式，以最不容置疑的口吻，直接为事物定了性，下了结论。它未必一定是事实，有可能是谎话，还有可能真假参半，但这丝毫不影响它的力度。对于受众来说，这砸在心口上的一锤，会使其结结实实地感觉到那难以抵挡的千钧重量。

第二次世界大战初期，德国挟闪电战之威，不仅在短短27天时间内迅速征服波兰，而且丹麦、挪威、荷兰、比利时等国家也陆续成为其盘中餐。一时间，德国法西斯的"卍"字符，带着浓重如乌云的阴影，在整个欧洲的上空，缓缓转动。

在战争狂人希特勒的率领下，德国并不满足取得的成绩，试图进一步加速侵略进程。除飞机、坦克外，德军还将战线扩展到海洋之上，潜心进行深海潜水艇的研制。截至1941年，十几艘潜水艇已陆续竣工，即将投入战场。

对此，盟军感到忧心忡忡。尤其是曾经靠着征服海洋从而将大英帝国的"米"字旗插遍全世界的英国人，更深知潜水艇的可怕：一旦投入战争，它将迅速对欧洲乃至世界的格局产生至关重要的影响。

在深知军备竞赛的步伐赶不上德国后，英国人决定换一个思路，从心理学角度出发，对德军进行打击。为此，英国人建立了一个涵盖心理学家、语言学家、数学家、符号学家等在内的庞大顾问团，精心准备了一个计划。

计划的效果很快有所体现。就在德军踌躇满志之时，意外出现了。大规模招募潜水艇士兵的计划，遭遇了意想不到的冷场，原本踊跃报名的德国士兵，竟然纷纷打起了退堂鼓。

经过调查，德国军方大感意外地发现：许多士兵私下里都在交流着一幅宣传画，在画上面，潜水艇被画成棺材的形状，旁边还有一行耸人听闻的文字：潜水艇士兵的死亡率，比任何战场上的死亡率都高十倍。

宣传画由英国人通过飞机投放到战场上。不止如此，英国人更是在德军的前线广播里，不停插入讯号，反复强调"潜水艇就是钢铁棺材"，一旦乘上，有去无回。

这直接导致了士兵们对潜水艇的心理排斥，尽管德军下大力气宣传潜水艇的安全性能，但根本无法抹掉已经在德国士兵心中形成的根深蒂固的心理阴影。招募来的士兵寥寥无几，甚至许多此前已经报名的人也都打了退堂鼓。最后，招募计划不得不以失败收场。

英国人从这场心理战中尝到了甜头——"钢铁棺材"的传言尚未平息，又一则更加震骇的消息在德军中传开。新一轮的宣传画上，一边画着士兵生活的必需品——肥皂，另一边画的则是堆积如山的骷髅头。同时还配有一行醒目的大字："你们的肥皂是尸体炼成的！"

由于战时物资紧缺，生产不出足够的日用品，所以有越来越多的德国士兵，相信了这个传言。一想到手中的肥皂，很可能来自于之前死在战场上的挚友的尸体，许多人出离愤怒，根本无心作战，不停写信给军方，要求给一个明确的说法。

甚至许多不明真相的人道组织和社会团体，也开始公开指责德国军方。这子虚乌有的流言，让德国军方哑巴吃黄连，有苦吐不出——如果选择不澄清，质疑的浪潮就一浪高过一浪；如果选择澄清，却又无人相信，反被怀疑刻意掩盖事情真相。

德军军心从此涣散，盟军则士气大振，连连收复失地。战场的格局，在一定程度上就这样被改写了。

放眼整个人类历史，第二次世界大战都是绕不开的、极其重要的篇章。它的影响力，深刻体现在日后政治、经济、军事、外交、文化和科技等各个层面。

第二次世界大战不只是军事武力的横蛮较量，人类的智慧，在此中显现无疑。

"钢铁棺材"和"人油肥皂"作为心理学的经典案例，永载史册。如果不计算印刷及发放传单的微小费用，英国人几乎没有任何经济投入，就对数以万计的德国士兵造成了强大且不可逆转的心理杀伤力，而这种效果，哪怕是一场兵不血刃的大捷也未必做得到。

无论"潜水艇就是钢铁棺材"，还是"你们的肥皂是尸体炼成的"，这两句话在语法结构上，都无比简单。它通俗易懂，便于理解，只说明了一件事，也只存在一个维度指向。但就是这样的话，在德军内部引发了群体性恐慌，其效果如同把一只带着病菌的老鼠，扔进一家座无虚席的餐馆里。

这两条标语产生了深远的影响，但并非妙手偶得之。它们看似平常，实则是匠心独运的产物。它们一则不玩捉迷藏的文字游戏，直指问题核心；二则拒绝所有的繁文缛节，干练扼要。

试想，如果英国人不厌其烦地告诉德国士兵，你们的同伴死亡后，尸体如何被收集，被集中运输，又是如何在特殊的加工厂被炼化，提炼尸体里的油脂后，如何制作成肥皂，再如何派发到你们手中，结果又会如何？

可以肯定，如果提供更多的过程叙述和细节描述，非但不会在德军士兵的心头雪上加霜，反而会起到反效果——因为"你们的肥皂是尸体炼成的"本质是一则谎言，它巧妙利用了德军士兵对战争厌倦、反感的心理，以及信息不对称的现实状况，但经不起推敲。

说得更多，只会给德国军方找到更多反击的机会，毕竟压根儿就不存在炼化尸体并制作成肥皂的加工厂。而且言语过多，既不适合记忆，也不适合人们私下里的传播与转述。

所以，最好的方式，莫过于像现在这样，有意漠视过程，只强调结果。哪怕这个结果本质是虚假的，但是德军士兵并不知道真相，因此其原本强大的心脏，也难以抑制地被这句话所震骇。想要抹除这句话的阴影是那么地难，只要依然站在战场上，士兵们就难以不受影响。

这就是标语的第一重威力：一锤定音。它以最简明扼要的方式，以最不容置疑的口吻，直接为事物定了性，下了结论。它未必一定是事实，有可能是谎话，还有可能真假参半，但这丝毫不影响它的力度。对于受众来说，这砸在心口上的一锤，会使其结结实实感觉到那难以抵挡的千钧重量。

1962年，邓小平在《怎么恢复农业生产》的讲话中首次提出"猫论"，30年后，随着88岁的邓老南方之行，"不管黑猫白猫，捉到老鼠就是好猫"这句话，成为年度最热门的话语之一。

这句话，不仅成为2001年APEC首脑峰会上马来西亚总理马哈蒂尔的开场白，也在邓小平再度当选美国《时代》周刊年度风云人物时醒目地刊登在介绍他的正文里。

这句话之所以影响深远，正是因为它在当时的历史条件下，一锤定音，直接破除了诸多质疑之声，突破了我们传统的社会主义思维方式，定下了发展的主基调。在十一届三中全会后，它成为中国将社会工作重心转移到经济发展上的重要理论标志。

有人盛赞邓小平是"短、平、快"的语言大师，因为他擅长用短短几句话，甚至几个字眼，就将事情的本质和特点说得清清楚楚——比如说长征是"跟着走"、说抗战是"吃苦"、说自己的三起三落是"忍耐"。

他的语言风格，也恰是标语的风格、一锤定音的风格。比较他的"贫穷不是社会主义""科学技术是第一生产力"与"你们的肥皂是尸体炼成的"，不难看出，两者存在异曲同工之妙。

读到这里，不知你是否已经发现：既然"一锤定音"是给事物定性，那么想要让你的语言具有"一锤定音"的震撼效果，最简单的办法，莫过于熟练应用一个"是"字——

毛泽东指出："一切反动派都是纸老虎。"这个著名论断不仅为中国人民社会主义事业建设提供了巨大的精神力量，而且极大鼓舞了世界无产阶级斗争与第三世界争取民族独立、解放的斗争。

《增广贤文》苦口婆心地劝戒："万恶淫为首，百善孝为先。"（放纵是万恶之首，孝道是百善之先。）这本书为明清两朝及后来的读书人提供了数不尽的智慧，人称"读了增广，才会说话"。

孙燕姿在《直来直往》里悠悠地唱道："有一种勇敢叫做原谅。"（原谅是一种勇敢。）这首歌风靡一时，曾入选音乐风云榜港台年度十大杰出金曲。

为了一锤定音，你需要把一件事物合理定义成另一件人们比较熟悉的事物（生产力、纸老虎、原谅），或在这一过程中，为其赋予某种属性（好、首、先）。听你说话的人，不可避免地会将两者联系，产生比较与联想。得当的定义，往往会在对方心里烙一个深深的印记。

比如领导在给你分配工作时，你会先给他吃一颗定心丸——保证完成任务。但你还应该以斩钉截铁的语气告诉他，你也认为自己"是这项工作最适合的人选"，绝不会辜负他的期望和培养。

或许领导只是随意安排你来做这项工作，但你的一锤定音，会让他感受到你的信心，若你之后又拿出了和你的标语相匹配的成绩，领导想要不被你打动都难。

你或许也像广大男同胞一样，时常面临女朋友问你"爱不爱她"的问题，如果你每次都回答"我爱你"，下次不如试一试"我是真的爱你"这种说法。比起前者，后者更具有掏心掏肺，定了性、铁了心般的说服力，且更富有语言节奏上的变化。

当然，你可以用流行歌曲里"我是真的真的很爱你"的曲调唱出来。但在试着一锤定音的同时，千万不要忘记标语所必须具备的言简意赅的属性。否则"我是真的真的真的真的很爱你"这样的话，要么让女友以为你这台复读机卡带了，要么会让她觉得你很做作，甚至是"娘炮"。

第二讲：

战略规划——CHANGE!

> ——"战略规划"能够给你指引，在你陷入向左走还是向右走的极度困惑时，它不仅帮助你刺破眼前的迷雾，更会直接、明确地为你指出一条旗帜鲜明、方向明确的康庄大道。它从来不会吝啬地只给你一个模糊的答案，它解决的是最根本的问题——"该做什么"。

2009年1月20日，美国诸多知名媒体和资深记者都同时被打脸，其中一些观点颇为激进的人，甚至不得不为过去一段时间内的出言不逊而道歉。

原因只有一个。他们曾经不停对一个曾担任伊利诺伊州参议员、野心勃勃想要竞选总统的年轻人冷嘲热讽。而这个年轻人，在这一天正式宣誓就职，成为白宫的新主人。

颇有些灰头土脸的媒体，转而研究奥巴马成功的策略。他们不约而同地发现，奥巴马的竞选标语，如此深得人心。

在现代美国，对于美国两党总统候选人而言，竞选标语不只是从响亮、动听的角度出发，用以吸引选民注意，作为选战宣传的核心，它更是与候选人的政策、主张密切联系，是候选人的施政纲领的高度浓缩，直接关系到其能否为选民所接受、能否引发共鸣。

《纽约时报》已故专栏作家萨菲尔认为，好的竞选标语不但要押韵且富有节奏感，更要拨动民众的心弦，道出他们的心声，为其指引一条符合他们期望的、希冀的康庄大道。

罗斯福是这样做的。1932年，面对突如其来席卷整个资本主义世界，也沉重打击了美国经济的经济危机，他提出"新政"的口号。广大选民将未来寄托在他身上，他也在大选中顺利击败胡佛总统后当选。

奥巴马也是这样做的。

许多人看奥巴马，就像是在看一个拟人化的、美丽的美国梦。作为非洲裔的后代，奥巴马的血统和美国当今社会一样多元化。他的父亲是肯尼亚人，母亲是美国人，他出生于夏威夷，在印尼长大，非洲裔、亚裔和拉美裔都在他身上找到了相似点。人们希望他成功，因为他的成功，会鼓舞更多的人获得成功。

所以，尽管奥巴马年轻，没有经验，政治资本并不厚实，但是奥巴马聪明地契合了选民对他的期待，也提出了最能打动民众的竞选标语——CHANGE！

此时，共和党已经执掌权柄达8年之久，在此期间，美国民众还经历了永世难忘的"9·11"事件和争论不息的伊拉克战争，民众迫切希望有人能够站出来，振臂一呼，改变目前新帝国主义内外交困的局面，就在此时，奥巴马站在了舞台正中央。

二百年来，从华盛顿到杰弗逊，从艾森豪威尔到尼克松，所有就任美国总统的都是白人。但是奥巴马这个黑人，却比其他竞选者更让美国民众感觉到有昔日罗斯福、肯尼迪等那些锐意改革的总统们的风采。

在奥巴马团队声势浩大的宣传之下，"CHANGE"响彻美利坚大地，带来了清新的气息，民众热情澎湃，支持声音一浪高过一浪，就连资深的肯尼迪家族的领军人物，来自马萨诸塞州的国会参议员爱德华·肯尼迪也公开表示："我嗅到了空气中的改变。"

凭着这标志性的标语，历史就这样改写了。

在万千民众期待下，奥巴马登上了人生的巅峰，成功击败共和党总统候选人约翰·麦凯恩，成为美国有史以来第一位黑人民选总统。在就职演说中，他也不忘重申了这个影响了当前所有美国民众的关键词"CHANGE"——

已经过去了这么长时间，但今晚，由于我们在今天、在这场大选中、在这个具有决定性的时刻所做的，美国已经迎来了变革。

（It's been a long time coming, but tonight, because of what

we did on this day, in this election, at this defining moment, change has come to America.）

　　"工业心理学之父"雨果·孟斯特伯格曾说："将美国人与他的同胞紧密联系在一起的既不是种族，也不是传统，更不是过去的历史，而是他们共同创造的未来。"

　　是啊，我们需要 CHANGE，未来需要 CHANGE！受够了小布什新保守主义的人们，急切渴望一场彻底的、酣畅淋漓的变革。

　　而此时，奥巴马正是用"CHANGE"，成功唤起了美国民众对未来的憧憬和期待。让他们相信即使时代变改，美国梦依然存在。

　　他的竞选标语震撼了民众的心，在他们的瞳孔里增添了亮色，也让他们的血液彻底燃烧。许多此前对政治丝毫不感兴趣的年轻人，以及对谁当选总统漠不关心的少数族群，都积极参与到竞选当中，为奥巴马投下其人生第一张选票。

　　奥巴马也从未忘记在任何场合反复强调这个词。在其庆祝初选的第一场胜利演讲时，他更是大胆呼喊："我们是一个国家，我们是一个民族。变革（CHANGE）的时刻，已经到来！"

　　"CHANGE"一词，贯穿奥巴马第一次竞选总统的始终。每一次，这个词从奥巴马口中迸出的时候，都带着铿锵的动感与十足的魔力。而每一次，这个词落在选民的耳朵里，都会激起如雷的掌声与欢呼声。甚至有些人会眼含泪水，仿佛预见到了变革的实现。

标语的第二重威力——战略规划的作用，被奥巴马展现得淋漓尽致。

"战略规划"能够给你指引，在你陷入向左走还是向右走的极度困惑时，它不仅帮助你刺破眼前的迷雾，更会直接、明确地为你指出一条旗帜鲜明、方向明确的康庄大道。

它从来不会吝啬地只给你一个模糊的答案，它蕴含着极为明确的信息，有清晰的指向。诚然，它有时会像某些成年人教育孩子一样，告诉你"不要做什么"，但它的作用不仅止于此，它解决的是最根本的问题——"该做什么"。

"CHANGE"在奥巴马竞选期间，成为美国最热门的标语，而在20世纪60年代的美国，有句标语也曾在美国东西海岸之间的广阔土地上流传。

当时，美国正陷入对越战争的泥潭当中，人们的反战情绪一浪高过一浪。正当此时，甲壳虫乐队的灵魂人物约翰·列侬和妻子小野洋子在阿姆斯特丹的一次特别活动中，高呼"Make love, not war."

这句话如野火一样，通过口耳相传和媒体报道，迅速蔓延开来，成为当时最著名的反战标语，甚至被许多人用来反对主流文化。有人还曾特意制作了成千上万个写有这句标语的徽章，并在1965年伊利诺伊州母亲节和平示威中发放，引发强烈反响。

这句话影响了一代甚至数代人，直到现在，任何人回顾那一时代的政治、经济、文化著作，都绕不开它。

在经典电影里、央视晚会上和其他场合，你曾无数次听到过《娘子军连歌》。

尽管歌名会让你眼前一亮，甚至有极为强烈的陌生感，心想这究竟是什么啊？但是当看到歌词时，你的口中，很可能就自然而然唱出了曲调——

向前进 / 向前进 / 战士的责任重 / 妇女的冤仇深 / 古有花木兰替父去从军 / 今有娘子军扛枪为人民……

和前言中所提到的，共产党的将领振臂高呼"跟我上"一样，"向前进"这三个字，作为"战略规划"，铿锵有力、催人奋进。哪怕是个刚刚入连、思想还未接受革命洗礼的新兵，在这样的号召下，也会在第一时间迈开步伐，投入革命的大熔炉当中。

你完全可以将类似的套路应用到职场上，用"战略规划"来指导你的工作方向、重点与核心。其实不仅个人，企业也是如此。

万科集团就曾连续以"主题年"的形式，设置年度工作重点——

从1995年的"资金年"、1996年的"质量管理年"、1997年的"客户年"到2011年的"境由心生，知止无界"、2012年的"向着阳光奔跑"……每一年用不同的主题，聚焦一个让企业更加完善的维度，重点清晰，方向明确。

也正是如此，万科这艘巨无霸的大船，才得以在变化多端的环境下、诡谲莫测的商海里，始终以领先者的地位，昂首前行。

当然还要强调一点，不是每个人都有资格提出"战略规划"，话事人必须具有一定的权威性，才能让人接受。

这其实很容易理解。就像是你在面临高考择校的难题时，你会虚心听取各路长辈的建议，但总不会考虑你舅舅家还在上小学的儿子的意见。高呼"变革"的奥巴马，尽管和其他候选人相比，资历尚浅，但至少已经位列联邦参议员。至于约翰·列侬的历史地位，就更不用赘述。

那么，是不是身为普通人的我们，就没有资格提出"战略规划"了呢？

当然不是。你有两种办法可以解决这个问题：

其一是把你的话，借由名人的口说出来。就像是"CHANGE"并非奥巴马所创，而是来自于他的首席撰稿人乔恩·法夫罗一样。

其二是在你的话之前，冠以名人的头衔。比如在"广阔天地、大有作为"之前，扣一个"毛主席教导我们说"的帽子，而这就等于给这句话镶了金边、开了光，你只要试试看就知道——效果就像用烧热的刀子切开一块黄油一样，"好到不要不要的"。

第三讲：
战术指南——只打老虎，不拍苍蝇

> ——"战术指南"的重心在于"怎么做"。它蕴含着简单而明确的信息，提出了具体而规范的要求。它可以大到作为一段时期内的指导纲领，也可以小到成为细致入微的行动计划。

1947年7月，美联社在一条电讯中进行物价比较，指出法币100元可买的物品：1937年为两头牛，1938年为一头牛，1941年为一头猪，1943年为一只鸡，1945年为一条鱼，1946年为一只鸡蛋，1947年则仅仅为1/3盒火柴！

当时的通货膨胀到了何种可怕的地步，从这条电讯中可见一斑。

国民党也意识到问题的严重性。1948年8月19日晚，蒋介石以总统名义发布"财政经济紧急令"，作出全国广播，并公布"金圆券发行法"，最主要的两条是：禁止私人持有黄金、白银、外汇，凡私人持有者，限于9月30日前收兑成金圆券，违者没收；将全国物价冻结在8月19日水平。

这一新财政措施的提出，或多或少有临时抱佛脚的味道，也确属无奈之举。因为此时，国共内战方酣，国民党无论是在军事上的节节失利，还是经济形势的持续恶化，都在动摇着民众的信心。故此，为了巩固统治，蒋介石对新政策寄予厚望，不仅势在必行，而且势在必"赢"。

国民政府派出经济督导员，到各大城市去监督金圆券的发行。而最关键、最紧要的试点与突破口，毫无疑问是中国经济最发达、同时也是亚洲最大的金融中心——上海。

蒋介石对旁人并不放心，因此这个千钧的担子，他郑重其事地交付给自己的儿子蒋经国。

蒋经国受父命，作为"上海经济督导员"，亲自前往经济首善之地进行督战，以便大功告成后在全国推广。他比谁都明白，不止全国，甚至全世界的目光都集中在他一人身上，人人皆知，国民党新政策的成败，全系于他的上海一役。

8月20日，踌躇满志的蒋经国，来到上海，在当地英文报纸形容他是"在上海打经济战的主帅"的殷切期待之中，迫不及待地选择中央银行作为办公地址，以其在重庆和赣南等地培养起来的嫡系——"经济勘建大队"开展工作。

为宣扬上海之行的决心，蒋经国斩钉截铁地对媒体表示：

"此次政府颁布经济紧急措施，实行币制改革，已具最大决心，只许成功，不许失败。"他还多次向各界表示，自己将严格执行政府法令，不徇私情、不讲关系、不打折扣、不敷衍塞责，发扬"挺"字精神，只进不退，信心决不会有所动摇。

外界将蒋经国率领的部队称为"打虎队"。蒋经国明言"只打老虎，不拍苍蝇"。

这一标语是在蒋经国深思熟虑后提出的。为的是达到两个目标：其一，控制通货膨胀，以稳定时局；其二，打击官僚资本集团，以挽回民心。至于"老虎"是哪些人，不用说得太明显，大家心里都跟明镜儿一般。

这一标语让人眼前一亮，纷纷鼓掌叫好。也正是有了这明确的指引，"打虎队"才得以有的放矢，收效显著。

各商业银行均在规定期限前，将存留的外汇储备向中央银行作了申报；沪上企业家乖乖交出手中的硬通货，并保证不哄抬物价；老百姓也乖乖地排队将手中的黄金、美钞换成金圆券。在蒋经国的铁腕打击下，上海的物价一度成功地像蒋介石所要求的那样，稳定在"八一九防线"之内。

上海滩上，蒋经国以大刀阔斧的执行力、雷厉风行的果敢作风，在短短时间内，便将新经济政策推到了让百姓拍手叫好、让统治阶层满心狂喜的高度。

"只打老虎，不拍苍蝇"在其中起到了关键作用。它明确了并非对所有破坏金融秩序的人都采取"一刀切"的做法，从而将有劣迹，但造成危害不大的一部分人拉拢到自己身边，在避免了矛盾扩大化的同时,又集中主要精力,全神贯注地对付那些"大老虎"。

这一标语,也为"打虎"队员们树立了规范。

蒋经国建立的"行政院戡乱建国大队"和"大上海青年服务总队"起初便有三千余人,后来的"打虎队"规模更是扩展到一万余人。如此庞大的队伍,又得到可以随身携带武器进入工厂、公司、商行、仓库甚至私宅的允许,若不加以控制和约束,随时可能引发巨大的矛盾冲突。

正是在"不拍苍蝇"的明确要求下,"打虎"队员们才避免了和小商贩及普通市民之间的冲突,即便人心惶惶之下,也确保了社会矛盾没有进一步被激化,保障了社会秩序的正常运行。

同时,"只打老虎"的冲天杀气,也有效震慑了巨富豪贾和不法高层:被誉为"煤炭大王"的刘鸿生,就乖乖交出了800根金条和250万美元。而怀着侥幸心理、试图通过币制改革而牟取暴利的财政部机要秘书陶启明,也难逃法网,被收押入狱。

尽管轰轰烈烈的"打虎"行动最后因为打到了根本碰不得的大"老虎"孔令侃("四大家族"之一,孔家孔祥熙的长子,宋美龄极为疼爱的大外甥)的头上,而不得不以失败告终,但回顾这短短的两月余,在整个币制改革过程中,上海都是收兑成效最好的地区。

"只打老虎,不拍苍蝇"在沪上经济改革中起到的作用,正是标语的第三重威力——"战术指南"的体现。

"战术指南"与"战略规划"的关系极为紧密。后者的重心在于"做什么",而前者的重心在于"怎么做"。

如果你想从深圳去上海,"战略规划"为你确定的是在乘飞机、坐高铁还是自驾等方式中选择哪一种;而"战术指南"则是在你选择乘坐飞机后,为你确定如何订票、如何付款以及如何前往机场等一系列的具体问题。

"战术指南"蕴含着简单而明确的信息,提出了具体而规范的要求。它可以大到作为一段时期内的指导纲领,也可以小到成为细致入微的行动计划。它是你航海时矗立在远方的灯塔,也是你骑行时印在你脚下的警示线,在你行动过程中提醒你"向左满舵"或者"前方路况欠佳,请小心"。

创建于1669年、自1723年开始供奉御药的同仁堂,历经300多年的风雨历程,如今已是全国中药行业内无人不知的老字号。

它的成功并非一朝一夕。论其根本,是因为历代同仁堂人,都始终恪守"炮制虽繁必不敢省人工,品味虽贵必不敢减物力"的古训。

也正是因为牢牢记住这一条并坚定贯彻执行,同仁堂才有了300年来始终不坠的良好声誉。在其店铺不断开枝散叶的同时,在全世界40多个国家和地区,都可以看到同仁堂产品的独特印记。

无独有偶,作为中国出版业中历史最悠久的出版机构,1897年创办于上海的商务印书馆,也正是在立馆之时,以"昌明教育、开启民智"作为宗旨,百多年来保持不变,从而保持了其独特的文化与地位,其出版的《新华字典》《现代汉语词典》等也伴随了无数读书人终生。

你或许试过和前言中所提到的鲁迅一样,刻一个"早"字来鞭策自己。但很可能你依然没有早起,依然在早自习时打着呵欠,或者是提着面包和牛奶急匆匆走进公司的"迟到大王",但千万不要因此忽视了"战术指南"的重要意义——在实际生活中,若是应用得当,它会带给你的另一半更多甜蜜。

如果你是男生,你需要把你的标语抒发得更具体、更细致。无论"每天为你做饭煲汤""每周为你写一封情书""每个月送一份惊喜礼物",还是"每半年带你去国外旅游""不定期在微信上给你发红包",都是你用心良苦、心意满满的表现。

当你这样告诉对方时,不仅给了对方期待,也给了自己明确的行动计划。而接下来,无论是标语的推进工作,还是你们的感情,都会处在可预见的上升期,当然,你们的幸福,会与你钱包的厚度成反比,不过你不会在意这一点的,对不对?

女生版则简单许多,一句"我在你打 dota2 时决不打扰你",就可以让你的男友热泪盈眶,哭着扑过来抱住你。

如果你身边那位是块不解风情的木头,那么恭喜你,这一讲的内容,完美适合你和他。

下次你们两个再一起月下散步时,与其像往常一样,默默听他对你讲几个小时和专业相关的废话，不如盯着他的双眼，一字一句地告诉他："憋（别）说话，吻我！"

但愿你们琴瑟相谐，百年好合。如果他依然无动于衷或者搞不清楚发生了什么状况的话，请默默地把书翻到下一讲，或许你能从中找到些许安慰吧。

第四讲：
一针鸡血——念念不忘，必有回响

> ——"一针鸡血"是卓有成效的强心剂，是徐徐展开的蓝图，它指出了目标、希望和未来，让困顿中的人有所期待。它让站在黑夜里的人，等待日光倾城；让站在雪地里的人，等待春暖花开。

（以下为电影《一代宗师》片段。）

1952年，香港。叶问与宫二此生最后一次见面。

两人默默听戏，叶问开口问道："听得懂这戏吗？"

宫二缓缓转过头来："像是在佛山听过，叫什么梦？"

叶问："《风流梦》。"

宫二轻轻一哂："风流本就是个梦。有人说，丝不如竹，竹不如肉，唱的，远比说得好听。"

叶问："宫先生学过戏？"

宫二："皮毛而已。"

两人走到旁边落座。

宫二声音里带着感慨："当年，要真拧着性子把戏学下去，我定会是台上的角儿。千回百转，一悲一喜。唱腻了《杨门女将》，就换《游园惊梦》唱唱。那时候，你在台下，我唱你看，想想那样的相遇，也怪有意思的。"

叶问："我怕到时候一票难求啊。"

宫二直视叶问："您真捧场。您看戏，我送票。"

叶问微笑："这些年宫先生唱念做打，文戏武唱，可算是唱得有板有眼，功架十足。可惜，就差个转身。"

宫二："想不到你把我当戏看。"

叶问没有应答，低头喝茶。

宫二继续说道："我的戏，不管人家喝不喝彩，也只能这样下去了。今晚请您出来，也是想把该了的事了一了，该说的话说一说。"

叶问："宫先生要出门？"

宫二："在北方有句老话，人不辞路，虎不辞山。这些年，咱们都是他乡之人，我是真的累了，想回老家了。临走前，有样东西要还给你。"

宫二用食指将大衣扣放在桌面上，推还给叶问。叶问低下头，望着大衣扣，默然无语。

宫二："六十四手，我已经忘了。我在最好的时候碰到你，是我的运气。可惜我没时间了。想想，说人生无悔，都是赌气的话。人生若无悔，那该多无趣啊。叶先生，说句真心话，我心里有过你。"

宫二抬起头，与叶问对视，又垂下眼帘。

宫二："我把这话告诉你也没什么，喜欢人不犯法，可我也只能到喜欢为止了。这些话我没对谁说过，今晚见了你，不知道为什么就都说出来了。就让你我的恩怨像盘棋一样保留在那儿，你多保重。"

叶问沉默半晌："人生如棋，落子无悔，我们之间本来就没恩怨。有的，只是一段缘分。"

两人又沉默了一阵。

叶问："你爹讲过，念念不忘，必有回响。有灯就有人，希望有一日，我可以再见宫家六十四手。"

一行清泪从宫二香腮边，无声滑落。

次年，宫二病逝香港。

武林二字，在宫二的六十四手里，也在叶问的标指与八斩刀里。

年轻时，宫二劝叶问不要只顾眼前路、不留身后身。但两人最后一次见面时，宫二才发现在武学境界上，自己见了自己、见了天地，却不能像叶问一样见众生。

她的一生都在回头，没有往前看，所以叶问才会说："（你）就差个转身。"

两人见最后一面时，宫二不施粉黛，眉眼间犹带苍凉。

为守住宫家的辉煌，身后身、眼前路，她始终不能放下。为此，她在火车站台上与马三交手，虽然取胜，但也因此染上顽疾，不得不流连床榻，靠吸食鸦片来止痛。面对叶问，她自知来日无多。

宫二为了报仇，立誓不嫁人、不留后、不传艺，那颗大衣扣，是两人心里有过对方的唯一证明。两人之间的感情，也如那颗大衣扣的质地和色泽一样，坚硬、深沉、幽暗。俗世浮沉，人生无常，既不能忘却，索性坦然告知。

但是话说出口，宫二才知道，这段感情，叶问早已经明了。纵然颠沛流离，辗转异乡，但依然有一个扣子，有一个念想。

叶问暗示宫二，无论是宫家这一门派，还是武术的传承，甚至两人的感情，精神火种永存。宫二也明白了叶问的意思，也正是如此，"念念不忘，必有回响"这八个字，才会敲击在宫二坚如铁石的心上，让她忍不住泪落腮边。

"念念不忘，必有回响"八个字，是这幕戏的戏眼，是恍然而起的一声惊雷。很多人看到这一幕时，都忍不住唏嘘不已。而这，也正是标语的第四重威力——"一针鸡血"的体现。

正如"望梅止渴"的典故里，曹操用"前有大梅林，饶子甘酸，可以解渴"来刺激士兵加速行军一样，"一针鸡血"是卓有成效的强心剂，是徐徐展开的蓝图，它指出了目标、希望和未来，让困顿中的人有所期待。它让站在黑夜里的人，等待日光倾城；让站在雪地里的人，渴望春暖花开。

20世纪90年代，中国让人印象最深刻的文化现象之一，是汪国真诗歌的流行。它的诗集被《新闻出版报》列为十大畅销书，文艺类独此一本，与此同时，北京高校接连涌现汪国真诗歌演讲热潮。

尽管始终不乏批评之声，但20年来，汪国真的诗歌始终受到读者青睐，畅销不衰，盗版不断，究其原因，诗歌中积极向上的因素、精神昂扬的态度，起到了决定性作用。

无论是"我不去想，是否能够成功。既然选择了远方，便只顾风雨兼程"还是"只知道，确定了就义无反顾。要输就输给追求，要嫁就嫁给幸福"都曾在莘莘学子中，引发强烈反响。短短几行字，携带着巨大的核能量，整整影响了一代心怀梦想的年轻人，去坚持梦想，去追寻远方。

甚至在2013年亚太经合组织(APEC)工商领导人峰会如此重要的场合，习近平主席都引用了汪国真的诗句："没有比人更高的山，没有比脚更长的路。"你看，作为标语，"一针鸡血"不仅下得了厨房，更上得了厅堂。不光是生活调味料，简直是生活必需品啊。

再来看两个例子，它们堪称标语界的双璧，是说到"一针鸡血"断然绕不过去的两座大山。

其一，来自于宋朝时期文学大家范仲淹受好友滕子京嘱托挥毫写下的《岳阳楼记》。"先天下之忧而忧，后天下之乐而乐"这句话，不仅表现出作者远大的政治抱负、伟大的胸襟和胆魄，更是全天下的读书人激励自己居安思危、奋发有为的圭臬。

其二，来自于朦胧派诗人顾城于1979年在北京所写的《一代人》。"黑夜给了我黑色的眼睛，我却用它寻找光明"至今鲜活于无数影视作品之中。它抒发了一代人的心声，也寄托了一代人的理想与志向。不仅是新时期朦胧诗的代表作，在当代诗歌史上，也具有极重的分量。

高山仰止之后，我们一起研究一下如此打动人心的佳句是如何产生的。

作为美好愿景，从激励人心的角度出发，"一针鸡血"的先天属性，决定了它必然志向远大，离不开与"未来、远方、天下、梦想、希望"等词联姻，同时，它又会和象征美好的词语比如光明、幸福、感谢、真诚、绚烂等挂钩。

为了给你充足的信心，它还可能会强调能够获得的回报，比如曹操用来激励或者说哄骗士兵的那句"前面有又甜又酸的大大梅子呦"，以及叶问如老僧般低眉敛容，从容淡定间敲在宫二心头的"必有回响"。

好了，经历了这么多例子的熏陶，你已然对"一针鸡血"的格式和常用词有所了解，此时的你应该能够明白，为什么《国际歌》能够成为国际共产主义运动中最著名的一首歌，并被翻译成世界上的许多种语言，在世界范围内流传极广了——

"这是最后的斗争，团结起来到明天，英特纳雄耐尔就一定要实现！"短短一句话，既有面向"明天"的志向，又有"团结"的凝聚感召，更有"一定要实现"的铮铮誓言。

汇集了如此之多的积极因素，又处在一个巴黎公社失败、白色恐怖横行的时代，这首歌若是不红，简直天理难容。

但正如一流侠客不拘泥于招式和武器，随手掏出一个折凳，照样可以打遍天下无敌手一样，高手们就算不按常规出牌，只使用最常见的道具，照样能够营造出震撼人心的效果，比如周星驰在《少林足球》里振聋发聩的那句："做人没有梦想，跟咸鱼有什么区别！"

或许正是在星爷的启发下，台湾摇滚天团五月天才会写出《咸鱼》这样脍炙人口的佳作，在其世界巡演演唱会上，引发全场万众合唱，唱到动情之处，不少人忍不住泪眼盈盈——

我不好也不坏不特别出众我只是敢不同，

我的人生就是一错再错错完了再从头，

也许放弃一些活得更轻松我却不再是我，

我不愿一生晒太阳吹风咸鱼也要有梦……

多说一句，如果读到这里，你还是觉得"一针鸡血"是你难以驾驭的难题，那么还有个非常简单的方法可供学习：下次你不妨在乘坐火车时，多听听旁人的动辄几百万大生意的对话，或者在与三五老友烧烤时，留神他们间的神侃——那句话怎么说来着？总有一款适合你！

职场实用指南之标语万岁

标语带我去战斗

一、旗子，锤子，钉子，种子

有人说，人生就是选择；有人说，人生无非因果。有人说性格决定命运，有人说命运掌握在自己手中。有人说，世上人分为两类，一类是好人，一类是坏人；也有人说，世上人分为两类，一类好像锤子，另一类则是钉子；还有人说，世上的确有一种人好像锤子，在这种人的眼里，别人都不过是钉子。

怎么说其实不重要，重要的是得有一个说法。人生需要结论。

标语，具备了最高等级的结论属性。顾名思义，标语就是"具有路标意义的话"：既然说路标，就不仅是结论，而且是（看起来）不会错的结论。徘徊歧路时，它独树一帜，指明方向；众说纷纭时，它力排众议，一锤定音；压力山大时，它咬定青山，锲而不舍；失落迷惘时，它醍醐灌顶，别开生面。

高水平的组织，高水平的领导，都是标语高手。

"科技以人为本"，十几年前，说这话的诺基亚，在高科技行业的江湖地位，一点儿也不亚于今天的苹果公司。更早些时间，中国改革开放的总设计师邓小平，发表了"科学技术是第一生产力"的著名论断，为中国指明了现代化的发展方向。

这些标语口号，就好像旗子，引领前进方向。而关于生产力，还有一个比较新奇的说法。西北某地区，曾经打出一个巨大横幅，上面大书七个大字：接待也是生产力。这话不能说一点道理都没有，但到底不登大雅之堂，最多像个山大王胡乱竖起来的破烂小旗儿，靠它指方向肯定没门。

有些标语，像锤子。历史最悠久、最有名气、最大力的锤子，非这句话莫属："王侯将相，宁有种乎？！"陈胜吴广揭竿而起，一句话振聋发聩，对当时和以后的人们心中固有的等级观念具有极大摧毁力。

史玉柱先生也是一位使锤高手。"今年过节不收礼，收礼还收脑白金"，这话听着温柔，实则暴力。这小锤子在全中国人们的脑袋上敲来敲去，已经接近二十年了。史玉柱多年来深耕保健品行业，在脑白金之前，他推出过一个"脑黄金"，号称要"让一亿人先聪明起来"；还有一个产品叫"巨不肥"，宣传口号就叫"请人民作证"，可见他当初只会一味使蛮劲。后来史老板练到了举重若轻、运斤成风的高深境界，一切便都自然而然。

有的标语不以力量见长，而是侧重于集中兵力，攻其一点，目的是要在受众心中扎下一颗钉子，树立不可取代的地位。

"车之道，唯大众"，就是一个钉子般的标语，好比武林高手往那儿随便一站，便有渊渟岳峙之势，崖岸自高，傲视群伦。

到了2015年9月，美国环境保护署指控大众公司违反了美国《清洁空气法案》，给汽车安装了专门应对美国环保运输部门尾气排放检查的"失效保护器"，随着事态不断发酵，大众公司相关人员不免手忙脚乱。2015年11月20日，大众中国公司正式宣布将原品牌理念"车之道，唯大众"更改为"车之道，为大众"，一字之别，却标志着大众在中国市场的重要形象转换。

这一字之别，未必说得上孰优孰劣，不过大众公司的家事罢了。只不过，从标语的角度看，从"唯"到"为"，钉子的属性已然大大降低，没有了那种霸气侧漏的感觉，倒是有点感觉霸气泄漏了。

还有一些标语，追求以情取胜，走的是正能量满满的路子，希望在受众心中播撒种子，然后隔三岔五地给点阳光，让它灿烂。

在房地产行业，十几年前有一家公司高速崛起，其创始人曾叫板行业老大万科，在公开场合对王石说："我们很快就会超过万科，成为行业第一！"当然，他们并没有很快超越万科，而是很快濒临破产，不得不被人收购兼并。

但这位创始人绝非等闲之辈，他很快就另起炉灶，再度带领自己的地产公司东山再起。虽然终究没有超越万科，但他们2015年的销售额超过700亿元，雄踞全国第十一名，也算得上难能可贵。

这人就是孙宏斌。他现在的公司叫融创中国，十几年前孙宏斌的那家公司，叫顺驰。当年的顺驰，可谓大名鼎鼎，是江湖中几近传说之地；当年的顺驰，曾有一个著名口号，叫做"使命般的激情"。这岂不就像一粒优质种子，特别适合播种在那些追梦人的心田？

最好的标语，其实能够兼具旗子、锤子、钉子、种子的特质，一言既出，万众认同。

"冲出亚洲，走向世界"，就曾经是这样一个具有超级综合战力的划时代的标语。

1979年9月8日，在墨西哥世界大学生运动会上，第一次参加重大国际比赛的17岁中国跳水新星陈肖霞击败苏联名将卡列尼娜，夺得女子跳台跳水金牌。9月10日，《体育报》在刊登她夺冠的消息时，专门配发了一篇题为《冲出亚洲，走向世界》的评论文章，从此这个口号响彻中国，并且一响几十年，给国人带来巨大而深远的影响。

"冲出亚洲，走向世界"为什么会引发那么强烈的共鸣？这可能不是现今的"90后"年轻人容易理解的。归根结底，这是时代所造就的。

　　这个口号是在当时我国体育事业不断进步、不断进取的背景下提出来的。我们的竞技成绩有了很大提高，在世界上逐渐得到认可，而且在那之后不久，国际奥委会恢复了中华人民共和国在该组织的合法席位，使得中国重返奥林匹克大家庭，令国人振奋。同时，这个口号之所以引发各行各业人们的共鸣，还源于当时我国对外开放的大背景和广大群众的爱国热情——那时候的集体荣誉感和迫切希望走向世界、赶超世界一流水平的愿望非常强烈，这个口号切合了人们的诉求。

　　具有超级综合战力的标语，倒也未必一定要"万众认同"。有时候，说话的人甚至希望"万众不认同"也未可知——因为这句话，他原本就是说给一个人听的，他原本渴求的也只是这一个听众的接纳和认可而已。他说的是——

　　"我爱你。"

二、最有力的标语，只有一个字

　　爱就一个字，我只说一次。

　　在人际交往中，最有力的标语，确实通常只有一两个字。

　　河南人说：中！四川人说：要得！广东人说：丢！四川人说：锤子！上海人说：哪能？四川人说：啷个？东北人说：削他！四川人说：雄起！

　　一字之威，不可小视。

　　滚！——你想借个肩膀靠靠，这个字最伤人。

有！——你想借点钱花，这个字最感人。

你喜欢我吗？嗯。这是最动听的一个字。

你喝不喝？干！这是最激情的一个字。

而职场中最有力的标语，也的确只有一个字。

好！

西方人在与人沟通、研讨、会谈时，遇到对方抛来的问题，哪怕满含刁难和挑衅意味，也愿意说"这是一个好问题"。千万不要觉得这个说法"假大空"，它至少有以下三点好处：缓解对方攻势；彰显我方风度；赢得思考时间。

凡事都说好，保准错不了。这不是要你做"好好先生"，而是要以负责任的心态，积极面对问题。

遇到你能解决的问题，说："好！"如果一定要再补充，就说："好，我搞定！"非得说"我办事，你放心"，就不免有些肉麻，有些啰嗦。

有的事情颇有难度，但也不至于完全没招儿，这时候说："好！我努力。"只要思想不滑坡，方法总比困难多。工作和生活，都需要我们付出不亚于任何人的努力，才有机会去赢得自己想要的结果。我们尤其需要知道，苦劳不等于功劳，努力不等于费力，"怎么努力"其实大有学问，非经长期的实践磨砺无法得其奥秘。

有时候，再怎么努力，也会发觉最终还是力不能及；又或者，上司交办的任务一时半会儿还理解不到、接受不了，那也不要让自己轻言放弃，而要学会说："好！我想想。我试试。我再努努力。"

种瓜得瓜,种豆得豆。你要相信,任何努力都不白费。每个人心里一亩田,种桃种李种春风,开尽梨花春又来。好!

第四章 "狠"低俗

"我们本该带你去医院，但我们现在是通缉犯，只要打开电视就能在滚动字幕上看到我们的照片，罪名是走私核燃料、恐怖袭击和强暴幼女。"

"我们什么时候搞过这些大事？"路明非目瞪口呆，"前面听着还像个有志气的罪犯，最后一条忽然就下贱起来，想起来就是俄罗斯黑帮、本·拉登、中年暴露狂怪叔叔的合体。"

——江南 《龙族·黑月之潮下》

前言：
世界上没有什么事儿是一顿烧烤不能解决的

乔万尼·薄伽丘在他所著的现实主义巨著《十日谈》中，讲了这样一个故事：

从前，佛罗伦萨城里有个名叫腓力·巴杜奇的男子，与妻子情投契露，十分恩爱。但是有一天，他的妻子不幸过世，巴杜奇哀伤过度，对尘世的一切都失去了眷恋，索性带着唯一的儿子，来到一座荒山上，白饭清汤，过起了离群索居的简朴日子。

巴杜奇自己深切体会过感情的烦恼，不想让儿子和他一样，卷入到爱情的凄苦当中。山上只有他们父子俩，巴杜奇从来没有对儿子说起他过世的母亲，甚至绝口不提女人。如果要谈，也只是谈天主、圣徒、诚心的祈祷与永生的荣耀等等。

日子一天天过去，孩子也长大成人。正当有一天，巴杜奇准备像往常一样周期性地进一次城，向善男信女们讨一些施舍，并购置生活必需品的时候，他的儿子忽然提出了建议。

"父亲，您的年事已高，"孩子自告奋勇地说，"而我已经长大了，该替你承担吃苦的事情。您去佛罗伦萨的任务，不如交给我好了。我年轻力壮，可以承担一切呢。"

巴杜奇觉得儿子说的有道理，而且多年来，他亲眼看着儿子侍奉天主，虔诚无比，觉得此时让孩子去城里走一遭，也不会被浮华世界迷失本性。但他还是隐隐感到不放心，最后在儿子的坚持下，巴杜奇终于松了口，答应带他一起下山。

两人来到城中，儿子忽然觉得自己的眼睛不够用了——那巍峨的教堂、热闹的集市、威严的皇宫，都是他见所未见、闻所未闻的。他惊奇得不得了，不断拉着父亲问这问那，巴杜奇始终小心应对，但发现儿子只是本能地好奇，并没有被吸引住，不由得暗暗放下了心。

就在此时，对面走来一队衣着华丽、年轻漂亮的姑娘，这是刚刚参加婚礼回来的女宾。

"这是什么啊？"儿子惊奇地问，他忽然觉得自己心跳加速了，脸颊和脖子也隐隐发烫。

父亲将儿子的反应看在眼里，不免暗暗心惊，急忙说道："我的孩子，快低下头，眼睛盯着地面，不要看她们。她们是世界上邪恶的东西，叫做'绿鹅'。"

儿子依言低下了头，心里还在扑通乱跳。他从未有过这样的感觉，不由得开口说道："父亲，让我带一只绿鹅回去吧。"

巴杜奇又惊惶又愤怒，声音不觉变得严厉："我不是说了吗？她们是祸水，是世界上最邪恶的东西！"

"怎么可能呢？"有生以来，儿子第一次对父亲的话提出了质疑，"她们怎么可能是邪恶的东西呢？你看她们多美丽，多么逗人喜爱，比你平时给我看的天使的画像还要好看。看在老天的份上，父亲，如果你疼我，就让我带一只绿鹅回山上吧，我发誓，我会好好喂养它。"

"不……你根本不知道怎么喂养她。"巴杜奇有气无力地说。他这才明白，大自然的力量比他的教导要强太多太多，他深深地后悔，自己不该把儿子带到佛罗伦萨城里来。

无独有偶，清代大才子袁枚的《子不语》中，也记载了一则"沙弥思老虎"的故事，故事中的主角小和尚，即使在老和尚警告他"女人是老虎，靠近的话会被咬死，尸骨无存"后，依然老老实实承认"只想那吃人的老虎，心上总觉舍他不得"。

中外两位文学大家，事先没打过任何招呼，却写出了异曲同工的内容，这只能说明一点：人性的本质是相通的。

李宗盛的《凡人歌》开门见山地唱道："你我皆凡人，生在人世间……既然不是仙，难免有杂念……"。既然都是凡人，自然无法免俗，也避不开"食色性也"等最本质也是许多人眼中最"低俗"的问题。

这一章，我们讲"低俗"。不但要低俗，而且要"狠狠地低俗"。但这里所说的"低俗"，不是"屎尿屁"横飞的好莱坞电影，也不是频繁往下半身招呼的二人转；不是以"艳遇之都"为卖点的某旅游城市宣传语，也不是青春片动辄都要涉及的出国、死人加堕胎等元素——好像没有这些，青春就像是被狗吃了一样。

　　本章所讲的"低俗"，是承认人性、尊重人性，是源于生活的体验、出自生活的场景。而"狠低俗"则是在此基础上，不断发力，向更深层次的境界迈进。

　　换句话说，就是从人类的本能欲求出发，自然而然，水到渠成。不刻意追寻高雅，但也绝对与低级趣味划清界限。正如我们喜欢吃神户牛排和挪威三文鱼，但我们也绝对离不开稀饭白粥和馅饼馒头，可是就算我们再饿也断然不会去吃屎一样。

　　这同时也符合马斯洛需求层次理论——人类必须满足生存需求，即处于最底层的生理需求和安全需求之后，再来谈归属与成长（社交需求、尊重需求和自我实现需求）。这一点我们的老祖宗早就看得明明白白——仓廪实而知礼节，衣食足而知荣辱嘛。

　　如果抽掉最底层的下里巴人，直接向阳春白雪进发，这具空中楼阁，十有八九将以悲剧收场，如同《红楼梦》里"金陵十二钗"之一的妙玉一样。这位"气质美如兰，才华馥比仙"的红粉佳人，收取梅花雪水，贮藏五年而烹茶，品位不可谓不高，最后却被贼人用闷香熏住，"由着他掇弄了去了"。

　　读完这一章，你就会明白所谓"低俗"，既意味着从生活本身出发，质朴、接地气，也意味着回归日常本源，不装、不嘚瑟。它包括百姓们在街边茶馆里、村头榕树下喜闻乐见的那些八卦，也包括广大人民群众饱含生活经验的智慧结晶，比如亚洲气质舞王"尼古拉斯·赵四"的这句话，堪称世间颠扑不破的真理——

"世界上没有什么事儿是一顿烧烤不能解决的。如果有，那就两顿。"

第一讲：
关注八卦——谁在诱惑泰格·伍兹

> ——在骨子深处，我们深深呼唤着八卦。"关注八卦"并非只是无聊人群的无聊行为，更隐藏着我们潜意识里对更多信息的渴望。掌握了八卦，也就掌握了人类的精神G点。若是应用得当，八卦的力量足以撬动世界。

如果人生存在分水岭，泰格·伍兹或许从未想过，自己的分水岭是一场车祸。

2009年11月27日凌晨，美联社率先报道：高尔夫球世界级名将泰格·伍兹在自家别墅不远处发生车祸，并导致脸部受伤。所幸无大碍，经过医院抢救和治疗后，短时间内便出院。

就在他遍及全球的粉丝松了一口气之时，八卦媒体忽然站出来，率先披露伍兹脸上的伤，并非车祸导致，而是他在与妻子艾琳争吵时被情绪激动的艾琳所抓伤。紧接着，媒体将长枪短炮瞄准了一名叫做瑞秋·乌琪泰儿的女子，据说她和伍兹之间，存在某种暧昧的关系。

尽管乌琪泰儿矢口否认，但媒体此时已经全然进入到亢奋状态，顺藤摸瓜之下，短短半个月时间内，伍兹的绯闻女友纷纷浮出水面，数量竟达十余人之多！这位高尔夫球场上的王子，世人眼中的好丈夫、好父亲，曾被誉为"21世纪最完美的美国人"，一夜之间只剩下一个形象：四处拈花惹草的花花公子。

消息实在太震撼，就连一向以严肃面孔示人、正襟危坐的《华尔街日报》《纽约时报》这样的大报，也纷纷放下身段，投身于这场八卦狂欢当中。人们对此事件所投予的关注度，甚至超过了昔日对"永远的流行天王"迈克尔·杰克逊去世消息的关注。

看热闹从来不嫌事儿大的各路媒体，为吸引观众眼球，将脑力运转到极致，随着事件的发展，一篇篇新闻接连出炉，单是标题就能牢牢黏住读者眼球——

伍兹第2个绯闻情妇卖大麻，准备将老虎恋搬上电视

伍兹第3个绯闻情人首次表态，八卦媒体咬定两人有染

伍兹第4个绯闻女郎出炉，请律师马上公开偷情故事

伍兹第5位绯闻女友露面，称老虎有性虐待倾向

伍兹第 6 个情妇曝光，31 岁金发夜店女拒绝开口

伍兹第 7 位绯闻女或将现身，三级艳星不否认与老虎有染

伍兹绯闻女郎涉及 10 人，7 人已公开 3 人未证实

……

全世界人们的迫切关注，让所有的媒体都意识到，但凡新闻和泰格·伍兹相关联，就是销量和点击率的保证。于是媒体们愈发亢奋，越战越勇，有报道称伍兹或许有一个私生子，而他的一个情妇早就为他流产过。还有报道头头是道地指出，伍兹有性爱录像带流传在外。

甚至他的那些情妇们，且不管是真是假，纷纷在电视或报纸杂志上，讲述与伍兹之间的床笫秘事。尽管伍兹费了无数心思阻止媒体这样做，但是收效甚微。还有人利用这个机会，攀住伍兹大腿而出书，从而狠狠地掘了一桶金。

即便在事件发生半年后，漾起的余波依然没有平息。某全球知名的男性时尚生活杂志在次年的 6 月刊上，以全裸俯卧的金发美女为首图，进行题为"谁在诱惑泰格·伍兹？"的深度报道。且不论内容与文字水准如何，只因这个醒目的标题，杂志当期的销量便让出版方及全国各地的经销商们笑得合不拢嘴。

出事之前，伍兹曾对记者坦露心声，说他是一个"control freak"（意为控制欲很强的人）。当时的他并没有料到，没过多久，他的生活便出现了他所根本无法控制的转折。

当铺天盖地的关注向他席卷而来，着眼点却不是他场上的一贯高光表现，而是场下令人咋舌的绯闻时，伍兹无力地发现，哪怕他手握近 70 个美巡赛的冠军头衔，也无法抵御媒体想要将他的生活赤裸裸呈现在世人面前的强烈渴望。在媒体这头狂狮的口中，他被反复咀嚼，剥离了血肉与骨骼，连渣都没有剩下。

那么多年啊，伍兹都是媒体的心尖宠儿。全球顶级的电视台、杂志、门户网站，都将他捧到镁光灯所能照射到的、最醒目、最耀眼的地方。可是一夜之间，风水流转，还是那些熟悉的媒体，还是那些见惯了的记者和主持人，还是能够在出场时，让记者心甘情愿花费掉无数的菲林，可是为什么一切都变了味呢？

"谁在诱惑泰格·伍兹？"其实不止一家媒体这样问，全世界的媒体都在问。他们并不在乎答案，但是他们知道读者在乎，他们只是代读者问出这个问题罢了。各项数据调查都给出同一个结论：关注该起桃色事件的人，早已经不限于高尔夫球迷、体育球迷的范围，全世界热爱八卦的人，目光都集中在这里。

那么问题来了，为什么我们如此热爱八卦？

我说张家长，你说李家短，可是无论长与短，这些八卦都和我们没半点关联。但我们之所以如此上心，甚至不遗余力，不惜浪费时间精力地予以关注，其实是与我们的进化有关。在从原始人演变到今天的过程中，正是因为关注八卦，才使我们的祖先们拥有了生存下来的可能。

隔壁洞穴里的老张，下雨天爬到树上，结果被雷劈死了；暗恋了一年的李家姑娘，因为吃了有毒的浆果，就此一命呜呼了；一起长大的老王，去了某个洞穴后，再也没有回来……不八卦，怎么能知道这些？不知道这些，怎么能避开无数致命的危险而得以繁衍生息、绵延至今？

再后来，具备了语言的雏形后，八卦就显得更加重要——有了八卦，人们才知道谁擅长打猎、谁擅长保存火种、谁是采果子的一把好手，甚至和谁结合后能够产生更强壮、更有生命力的后代。这些，都是关乎生存的重要信息。

尽管每个人对八卦所表现出的态度不一而同，但在骨子深处，我们深深呼唤着八卦。

"关注八卦"并非只是无聊人群的无聊行为，更隐藏着我们潜意识里对更多信息的渴望。甚至可以说，掌握了八卦，也就掌握了人类的精神G点。如果有一家媒体能够强大到独家占有伍兹绯闻的话，那么单单凭着这一件事，该媒体就有能力撬动整个世界。

被认为是爱因斯坦之后最睿智的理论物理学家理查德·费曼，在获诺贝尔奖后，不止一次向朋友抱怨过为声名所累。

某次，他在和朋友前去参加聚会的路上，又对朋友说起同样的烦恼。朋友安慰他道："你放心，我们今天的聚会没有物理圈儿的人参加。来的人都不认识你，更不知道你获得了诺贝尔奖。"

但是聚会进行没多久，朋友忽然郁闷地发现，差不多有一半的参加者都知道费曼获得诺贝尔奖这件事。朋友觉得有些对不起费曼，毕竟自己刚刚对他保证过，可是一扭头，发现费曼正站在不远处，兴致勃勃地对面前的人说道："嘿，你们知道吗，我是费曼，不久之前获得了诺贝尔物理学奖。"

如此睿智的名人，尚且如此八卦，更何况我们这些普通人？

其实真的用不着对八卦嗤之以鼻。或许你同样不喜欢榴莲，甚至连榴莲的气味也闻不得，但你不喜欢，并不代表它没有存在的必要。而且若是你想要追求的女孩，偏偏视榴莲如命的话。究竟该劝她改换口味，还是投其所好送她上好的猫山王做礼物，哪种做法更现实，更讨她欢心，你不会不清楚。

《蔡康永的说话之道》中，有这样一小段对话：

小戈：我昨天租了一部片子，是讲未来世界人的记忆可以被假造的故事。

古古：听起来好难懂喔……

小戈（马上另起炉灶）：我后来在路上，竟然看到林志玲在买炸鸡排耶。

古古（眼睛一亮）：林志玲本人漂不漂亮？

八卦不只能满足你的好奇心，更具有实用性。它完全可以让眼见冷场的谈话场景瞬间温暖如春。可见适当关注一点八卦，无论政治、经济、历史、娱乐哪方面，非但没有坏处，而且在关键时刻抛出来，轻轻松松就可以实现宾主尽欢。

若是你和旁人聊到历史、文学或者武侠的话题，告诉他们："胡适的老爸名字叫作胡铁花，对，就是和《楚留香传奇》里的大侠同名哦。"他们八成以为你是在开玩笑，但是事实的确如此，你等着看他们因为惊奇，而合不拢的嘴巴吧。

若是聊到诗歌，就算是泰戈尔的铁杆粉丝，又有多少人知道泰戈尔还有个中文名字叫做竺震旦呢？竺，意思是印度；震，指的是雷；旦是太阳。这个听起来颇有几分霸道总裁意味的名字，还是梁启超亲自起的。赶紧说出来吓朋友们一跳吧。

若是某一天，你站在福州的地盘上，又有什么八卦，能比"福尔摩斯"更具有吸引力，同时又体现你的文化内涵呢？

当你把"福尔摩斯的故事，是由林纾引进中国的。林纾是福州人，'H'与'F'不分，因此把'荷尔摩斯'翻译为'福尔摩斯'，之后的译者也将错就错"这段小八卦告诉福州同胞时，多半会有人带着自豪向你敬酒，甚至妹子对你投来爱慕的眼神，佩服你"学识渊博"也不是没有可能的哦。

第二讲：
接地气——无论多悲伤，为了生活都得填饱肚子

> ——"接地气"从人人都离不开的衣食住行出发，不但不回避，而且重视人的最基本的生活需求。它与人心紧紧相伴，所以与生俱来拥有最原始也最慑人的力量。

（以下为日剧《昨夜的咖喱 明日的面包》片段。）

电饭锅发出蒸汽的声音，池塘里，青蛙有节奏地鸣叫。

作为一对甜蜜的恋人，彻子与一树共同走进婚姻殿堂。但美好的二人世界并没有持续多久，一树便因为癌症而撒手人寰。彻子收拾起哀伤，继续生活。但没有像其他遇到类似情况的人一样回到娘家，而是和公公连太郎生活在一个屋檐下，平静地度过了七年的时光。

又是平常的一天，平常的早餐光景。切黄瓜、煎鸡蛋、搅拌纳豆，香气扑鼻而来。

连太郎掀开电饭锅盖，嗅着米香，满意地"哦"了一声，却全然没注意到旁边的彻子微微皱起的眉头。

就在连太郎想要盛饭之际，彻子拦住了他。紧接着不由分说地夺过连太郎手中的空碗，将供奉剩下的米饭倒在他的碗中。

连太郎嗅了嗅，有些郁闷又有些不满地坐在饭桌前，看着彻子给一树新供奉了一碗热气腾腾的米饭，又给自己盛了热米饭后，有些忍不住了。

"今天也是我吃剩饭吗？"连太郎问。

彻子一脸理所当然的表情："因为今天是奇数日啊。"

连太郎："可是我怎么觉得昨天也是我吃的剩饭啊。"

彻子扭头看墙上的日历："昨天是31号，今天是1号。"

连太郎："那我岂不是很吃亏？"

彻子："可是一开始商量的时候，是谁说的'我一定要奇数日呢'？"

连太郎："话是那么说啦。"

彻子："要是你这么不愿意吃的话，以后就倒掉呗。"

连太郎的语调顿时提高了几分："要倒掉吗？倒掉太可惜了吧。"

他观察彻子的动作和表情，顿了顿："要是倒掉的话，遭报应的肯定是我吧。"

彻子："谁提议的就是谁呗。"

连太郎："是哈。"

望着狼吞虎咽的彻子，连太郎问："好吃吗？"

彻子笑眯了眼，筷子动个不停。连太郎把筷子插在剩饭上，凝结成硬邦邦的一坨的剩饭，让连太郎有点丧失食欲。

早饭后，彻子匆匆赶到公司，与同事正春边走边聊。

正春："（供了佛的冷饭）不想吃就不吃嘛，那么难吃的饭。"

彻子："我也想过啊，也许是习惯了吧。也没有不这么做的理由，所以不知不觉就一直这么做了。"

正春点了点头，表示理解，又问道："现在还和公公一起住，也是因为惯性吗？"

彻子有些疑惑，随即被正春拉到无人的楼梯间。

正春："一般来说，丈夫死了，妻子都会搬回娘家的吧，而且都过了七年了。而且你这样照顾公公，他也会依赖你，老是麻烦你，你就越来越离不开那个家了。再说，你丈夫已经去世七年了，已经够了吧。我劝过你多少次了，你跟公公住在一起，别人会怎么看待你们啊？……"

在正春关怀的絮絮叨叨中，彻子不禁走神了。她终于想起来，自己和公公为什么要坚持吃冷饭——是为了记住英年早逝的一树，也是为了提醒自己，无论多悲伤，为了生活，都得填饱肚子。

《昨夜的咖喱 明日的面包》乍看之下，是个令人有些摸不着头脑的名字，故事也极其简单：没有谋杀和诡计，没有枪战和飙车，没有男人生下妖怪后与天师联手对抗妖界，也没有富二代与美人鱼的跨种族之恋。它有的只是普通人的生活，平平常常、简简单单，一路娓娓道来，却让人难以割舍。

这部日剧打动了无数的人，只因为一个最简单的道理：无论多悲伤，为了生活，都得填饱肚子。

是啊，为了填饱肚子，昨夜的咖喱是必需的，明日的面包也必不可少。如果把昨夜的咖喱看作是回忆，明日的面包当成希望的话。咖喱隔夜之后，会更好吃，而明天的面包，总是松软软、香喷喷的。

生活中不可逆的遗憾太多太多，可是美好的东西，并不会因为遗憾而黯然失色。只要还有咖喱和面包，就还有勇气和希望。咖喱是昨夜的，面包是明日的，那么吃着昨夜的咖喱，等待明天的面包的今天的自己，该怎么度过呢？

这是不是就是"治愈系日剧"如此受人欢迎的原因呢？它从来不会生硬地给你灌输那些听起来很厉害实际上却没个鸟用的大道理，而是用最接地气的方式，提醒你这世界上还有璀璨的星空、暖人的阳光、金黄的麦穗、香甜的草莓等那么多美好的东西，润物细无声地给你温暖。

接地气，是的！尤其是片头滋啦啦炸起来的鱼块、冒着气泡咻咻作响的饮料以及冒着热气的黄玉米和绿毛豆闪过的时候，那唯美细腻的画面，顿时让你觉得生活亮堂起来（虽然对饿着肚子"煲剧"的人来说，略显残忍）。

任何人都无法抛开自身的自然属性，也自然抛不开衣食住行。"接地气"正是从这个角度出发，不但不回避，而且重视人的最基本的生活需求。

或许正是与生活息息相关，甚至关联得过于密切，才会被某些精神上自以为"脱离了低级趣味"的人斥为低俗。殊不知，"接地气"与衣食住行紧紧相伴，也就是与人心紧紧相伴，所以它与生俱来拥有最原始也最慑人的力量。

你就算不踏进两元店的店门，也多少忍不住会向里面瞟一眼。"全场两元，只要两元，走过路过不能错过"的声音你听得太多，以至于耳朵起了茧，但它真真切切的白菜价，很难让人抑制住"买了就是占便宜"的想法。它符合老百姓的消费习惯，所以你不买没关系，很多人排队等着买，这样的广告，就叫接地气。

当年因为某些原因，邓丽君在大陆被封杀，其歌曲被斥为"黄色歌曲""靡靡之音"。但是人们口上不说，心里早已经向她清幽脱俗的歌声缴了械、投了降。她的歌声是老百姓做梦也想不到的天籁之音，当时流传甚广。这样的歌声，就叫接地气。

美国 DJ 音乐女歌手 Ke$ha，凭借 *Tik Tok* 一曲成名，在公告牌百强单曲榜连续夺冠九周的同时，在全球卖出超过 1500 万份的数字音乐下载。全世界为其疯狂，因为她顶着评论家"有伤风化"的质疑，在歌词中，大胆唱出了她这个年龄段的少男少女的真实所想——

谁管全世界发生啥事，只要有啤酒就够啦，

谁管我口袋有没有钱，只要派对就够啦。

现在男孩们排成长队,因为我走进来啦!

"接地气",不仅意味着人人离不开的衣食住行,包括底层普通民众的利益需要与情感诉求,还意味着与大众的生活习惯及日常用语相一致,甚至直接为他们代言。

雍正皇帝体现的,是前者。那份著名的、碉堡了的朱批,早就在网上流传开来:"朕就是这样汉子,就是这样秉性,就是这样皇帝。尔等大臣若不负朕,朕再不负尔等也,勉之!"

这份近300年前的批示,即便放在现在来看,也显得平易近人,四分"傲娇"、六分"萌萌哒"。有人形容:"这简直是古代版'我就是我,是颜色不一样的烟火'。"也正是因为接地气,北京故宫博物院在2014年时,所推出的上书"朕就是这样汉子"的折扇,引发游客抢购热潮,每每一上架就卖到脱销。

酒井顺子体现的,是后者。这位日本女作家写于2003年年底的《败犬的远吠》一经发行,迅速成为畅销书,并引发了媒体大规模讨论的浪潮。

"败犬"(the lost lady)是日本人给过了适婚年龄而未婚的女性所取的戏称,通常指年龄30岁以上的已成年的女性独立个体。她们高收入、高学历,美丽而又优雅,往往有自己的事业,有自己的社交圈子,但无感情归宿。

这本书迅速被广大日本女性奉为"圣经",风潮也迅速蔓延至韩国、新加坡等地。中国台湾紧随其后,在2009年推出电视剧《败犬女王》,讲述33岁的单无双追求幸福的过程。该剧不仅掀起一阵热潮，还在粉丝狂捧下，于第44届台湾地区电视金钟奖入围五大奖项，并全部获奖。

所以你看，想叩开别人的心扉，不一定要什么冠冕堂皇的大道理，因为道理这东西，我们从父母、亲戚和领导口中，以及电视和书本上，早已经因为摄取得太多而具有了充足的免疫力。

但若是你从"接地气"的角度出发，没准就能收到四两拨千斤的功效。因为人心都是肉长的，任谁也离不开吃喝拉撒、柴米油盐酱醋茶。

如果你好不容易不加班，回到家里却发现女朋友在外面玩疯了，你该怎么办？是大声提醒她本该注意时间而惹得她心生反感还是温言软语劝哄，却未必能让她心领神会你其实很想她在你身边？

如果你对这个问题心存困惑，或许你就该像《全世爱》这本书里的男主角木木学习，学习他知道女孩子在乎什么，学习他如何来接女孩子的地气——

小懒（木木的女朋友）打电话叫上好久不见的朋友，去避风塘，侃大山，玩"杀人"游戏，不亦乐乎。

晚上8点。

木木："小懒，我回来了，你在哪里？"

小懒："哦，我一会儿回去。"

晚上9点。

木木："小懒，你回来了吗？"

小懒:"哦,一会儿。"

晚上 10 点。

木木:"小懒,你快点回来,楼下那家外贸店又上新衣服了。"

小懒:"啊!我马上到!"

第三讲：
说人话——妪曰解，则录之；不解，则易之

> ——"说人话"意味着从对方的立场和思维方式出发，用对方能够接受的语言，来表达自己的意思，从而让对方明白，并得到对方的即时反馈，而不是将自己的所思所想直接灌输给对方。因为这样做的结果，通常会导致对方瞠目结舌、不知所以，形成"鸡同鸭讲"的尴尬状况。

三百余年的唐朝历史，是我国古典诗歌的高峰期，在此期间，无数诗作喷薄而发。

历经时间的大浪淘沙，于今尚在流传的诗歌，近五万首。而同样在时间的磨砺下，无数诗人的名号淹没在历史长河中，

于今有资格被人铭记的，近两千五百人。

这些诗人，平生际遇有异，有人锦衣玉食，有人箪食瓢饮。并非每个人都赚得眼前名，但无一例外，都赢得了身后名。从初唐的王勃、卢照邻到晚唐的李商隐、杜牧，没有一个是等闲之辈。但所有人当中，只有一个人拥有公认的资格，可以与李白、杜甫这两尊大神齐肩而行，并称为"唐代三大诗人"。

这个人，之所以能够从群星中脱颖而出，多半是因为他明白如话、通俗易懂的写作风格。

他十六岁时从江南到长安，以诗文谒见当时的大名士顾况。顾况发现他不过是个嘴上无毛的年轻小伙子，于是用他的名字开玩笑道："长安米贵，居大不易。"但当翻开诗卷，读到"野火烧不尽，春风吹又生"的诗句时，不禁沉吟再三、击节赞叹道："有才如此，居亦何难！"

这个人，就是在《旧唐书》《新唐书》中都占有一定篇幅并被唐宣宗亲笔凭吊纪念的白居易。有一件轶事，充分说明了他的写作风格，以及如此受文人欣赏、市井之人推崇的原因。

某日，他家的老保姆向他讲述了一件事：老保姆上街时，听见有人在哭泣，声音极其凄惨。老保姆闻声走上前，看见一位衣着朴素的妇女，抱着两个孩子。身旁一辆装饰精美的马车上，有位大官模样的人双眉紧锁，反感之色毫不掩饰。

大官对旁边的属下大声呵斥了几句，属下得令，强行从妇女怀中将两个孩子夺走。妇女哭得肝肠寸断，跪倒在地，眼见两个孩子被强行夺走，围观的人面露不忍之色，有人更是按捺不住一脸的愤怒，但那大官看似极有权势，旁人也不敢贸然插手，唯恐给自己带来祸端。

大官将两个孩子抱上马车，头也不回，指挥属下驾着马车离去。车厢中隐隐传来孩子的哭喊声，妇女踉踉跄跄站起身，追着马车而去。但是车疾人缓，很快马车就消失在人们的视线尽头，妇女早已经哭得双眼肿成桃子一般，跪倒在车轮扬起的尘埃里。

老保姆心怀不忍，上前安慰，才得知马车上的大官，是妇女的丈夫。此人在寒微之时，与妇女结为同心，并共同抚育了两个孩子。后来男人上了战场，因屡立军功而平步青云。近来他在洛阳新娶了一个年轻美貌的女子，便越发地厌恶起糟糠之妻，索性强行夺走两人所生的孩子，抛下发妻，扬长而去。

听了这件事，白居易感慨不已，并以此为素材，写成著名的诗篇《母别子》，并对老保姆说："我念给你听听，看看你能否理解。"说完，他将诗缓缓地念给老保姆听。目不识丁的老保姆，居然完全听懂了。

这件事也被后世文人津津乐道，并形成了一个典故——"老妪能解"。宋朝的惠洪在其《冷斋夜话》中特地记载道："白乐天每作诗，问曰解否？妪曰解，则录之；不解，则易之。"（白居易每每写诗，都问老妇人能否明白。老妇人说能明白，就存录下来；不明白，就继续修改。）

《母别子》是诗歌史上不可多得的佳作，声声泣血、字字含泪。最为难得的是,就算是没有受过任何教育的屠狗沽酒之人,也能够很容易地理解这首诗的含义,并被字里行间的凄婉哀怨之情所打动。

有唐一朝,白居易可能是最受布衣百姓欢迎的诗人。因为他的诗,与百姓之间没有任何距离,堪称既有《故事会》《知音》的通俗易懂,又有《收获》《当代》的立意格调。

他摒弃一切卖弄文采的用语,也从不采用生僻的典故,而是尽力使自己的作品风格和语言"明白如话"。秉着这一思想,他陆续完成了《长恨歌》《卖炭翁》《琵琶行》。这些作品中的任何一篇,都堪称他的代表作,也是供在文坛之上永恒不灭的星。

后世之人,包括乾隆帝、胡适、陈寅恪等大家,对白居易都有极高的评价。苏轼曾经对白居易的诗风略有微词,但是后来却对白居易大加肯定,甚至把自己比作白居易。

不过,尽管苏轼后来的风格与白居易有相近之处,但他依然改不掉"寻章摘句"的用典习惯。即便是在词风平易的《江城子·密州出猎》里,也接连引用了《三国志·吴志》里孙权的典故、《汉书·冯唐传》里冯唐的典故以及《楚辞·九歌·东君》里天狼星的典故。这种事,白居易不是不会做,而是向来不肯做。

语言是用来沟通的,既然是沟通,就需要有来有往。它不是一方自说自话,强行施加于另一方的工具,更不是一方故作高深,用以显示对另一方的优越感。

所以,"说人话"意味着从对方的立场和思维方式出发,用对方能够接受的语言来表达自己的意思，从而让对方明白并得到对方的即时反馈，而不是将自己的所思所想直接灌输给对方。因为这样做的结果，通常会导致对方瞠目结舌、不知所以，形成"鸡同鸭讲"的尴尬状况。

有个古代小故事，生动地说明了"不说人话"，会造成怎样的结果：

有个秀才去买木柴，对着卖柴的人说："荷薪者过来！"（挑柴的人你过来）卖木柴的人听不懂"荷薪者"三个字是什么意思，但听得懂"过来"两个字，于是就把木柴挑到了秀才前面。

秀才看了看木柴，觉得质量还可以，于是问他："其价如何？"（价格多少）卖木柴的人听不懂，但是听清楚了"价"这个字，于是告诉秀才价钱。秀才听了后，觉得有点贵，砍价道："外实而内虚，烟多而焰少，请损之。"（你这木柴外表是干的，里头却是湿的，燃烧起来，会浓烟多而火焰小，请减些价钱吧。）

这一次，卖柴的人可就丝毫都听不明白了。他直愣愣地望了秀才一会儿，觉得和这种人打交道实在太消耗脑细胞，索性背起木柴走人了。

如果当晚寒潮来临，秀才因为没有生火而冻死，应该没有人觉得他冤吧？

《甄嬛传》引发收视狂潮的时候，一条基于剧中"古色古香"的台词，而模仿其人物说话方式的帖子，在网上迅速流传开来。喜爱该剧的网友们受到启发，将大量的热情投入到对台词的模仿当中。在"本宫""真真""极好极好的"等词汇如潮水般蔓延之下，甚至形成了一种独特的文体——甄嬛体。

"甄嬛体"走红网络。一时间，"满网尽说甄嬛话"，甚至为《甄嬛传》圈进来许多新的粉丝，论波及范围及影响力，毫无疑问堪称当年的年度话题。

那时候，一旦看到"想如今我的身量儿自然是极好的，修长的身型儿加上标准儿的细高跟，是最好不过的了。我愿再长高些，虽会显高大威猛，倒也不负恩泽"这样的话，网友们便乐不可支，因为彼此间心知肚明，接下来准保跟着一句"说人话"，以及这句话的正常表达方式："我想再长高些。"

"甄嬛体"是网友们共同参与其中、以具有默契的游戏规则所进行的一场欢乐互动。但即便如此，无论语体内容涉及生活、学习、工作和娱乐哪些方面，最后的总结，离不开三个字：说人话。

你看，即便是游戏，最后也要回归到让彼此都能够理解的层面上。

不遵守"说人话"的方式，就连央视也会闹出不小的笑话。《走基层百姓心声》特别调查节目"幸福是什么"，是央视推出的一档特别节目，央视记者们分赴全国各地，采访了包括城市白领、乡村农民、科研专家、企业工人在内的几千名各行各业的工作者。

客观地说，这档节目很是走心——不仅制作精良，也试图去"接地气"，深入到寻常百姓的生活当中。但问题出在一个小小的环节——询问采访对象都是同样的问题：你幸福吗？

结果，制作组在山西太原从一位务工人员的口中，收到了一个"神回复"："我姓曾"。

电视机前的观众，不免哑然失笑。有人甚至联想起五四运动时的一个类似场景——当时由大学生组成的平民宣讲团，积极向工人宣传新思想，但却忽视了与工人之间的文化差距，径直问工人们："你们生活丰富不丰富？"结果工人们像见了外星人一样上下打量这些学生们，并"瞠目结舌""骇而疾走"。

你可以在网上尽情玩"甄嬛体"的文字游戏，但现实生活里，如果你不想像文绉绉的秀才或进步学生们，把卖柴的人和工人们吓走，你就必须注意自己口中说出的话语是否真正能够钻进对方耳朵里。

说到这里，请你想一想：为什么TVB的那些经典语录经久不衰，同一句话哪怕在古装与现代剧，言情与枪战片里出现过无数次，你听了虽然不一定每次都动容，但还是不觉得腻？

正是因为那些都是"说人话"的大实话，没有繁复沉重的大道理，也没有高深做作的高姿态，只是像一个老友，在你耳边轻声细语。当说到"你知不知道大家都好担心你啊"或者"你饿不饿？我去煮碗面给你吃"时，这平平常常的话语，反倒更容易让你我感同身受、为之动容。

第四讲：
俗能生巧——五环，你比四环多一环

> ——将平常的、大众化的、充满烟火气的"俗"的生活内容加工提炼后，应用于表演、演讲等艺术形式，或化用到难以简而言之的事件或情境中，这就是"俗能生巧"的独特价值。它以奇兵姿态，在"不俗"的场合，产生令人意想不到的语言效果。

《欢乐喜剧人》这档节目，使许多原本知名度不高的喜剧演员为全国人民所知，让老一辈的表演艺术家重返一线，更让沈腾、岳云鹏这样经历过春晚洗礼、声名在外的艺人们，成了红遍全国的"爆款"。

也正是在《欢乐喜剧人》的舞台上，岳云鹏使出浑身解数，表现得更从容、更全面。经此一役，相声表演风格除了公认的"帅、卖、怪、坏"之外，又多了一个全新的类别：贱。

何谓贱？第二季总决赛时，上得台来，岳云鹏先一本正经地夸赞了今天所有的参赛者："喜剧人的舞台上，每一位喜剧人都很棒，都是我们的老师，就比如说潘长江老师、杨树林老师……向他们学习。"

之后，岳云鹏话锋一转，一本正经地说："他们今天的成绩，分别是第二名、第三名、第四名，我还没有说完，第五名……"

此时台下已经笑声一片。捧哏的孙越连忙拉住他："听你的意思，你第一呗。"

岳云鹏随即露出招牌式的贱笑，台下观众乐不可支。

貌似抬高别人，实则夸赞自己。类似的哏在相声包袱里层出不穷，但这盘菜在岳云鹏手里，因为加入了独家的"贱"的作料，所以翻出新滋味。

这里的"贱"，并不是日常生活里的"贱"。口语中，我们从不怀疑"贱"是个实打实的贬义词，当我们把这个词扣在某人头上时，往往还要不屑地哂一声。但在要求艺术化夸张的面向全国观众的"不俗"的舞台上，岳云鹏将"贱"这么俗的事情，巧妙化为艺术表演的新风格，这就是俗能生巧。

在当季第四场比赛中，岳云鹏将这一技巧发挥到了极致——在与郭麒麟争执谁是"德云一哥"时，郭麒麟抬出了自己的出身：我父亲是郭德纲，德云班主。言外之意，你哪儿有资格和我比?

对此,岳云鹏祭出了大招,指着台下观众大喊:观众就是我的父母!

常规的套路,到此为止。这个包袱抖得够机灵,也拐弯抹角感谢了台下作为"衣食父母"的观众。但作为目前"在他这个年龄段,最红的相声演员"(郭德纲语)的岳云鹏,更"贱贱"地锦上添花:

"这都是我的父母。包括那小孩,爸爸您坐下吧!坐好了。"

此时台下的观众,举目望去,都是笑得能看见嗓子眼的。

许多人在网上抱怨,如今根本无法正视"我的天呐"以及"这么神奇吗"两句话,因为一看见,就会情不自禁想到岳云鹏。

更不要说那首如今用岳云鹏自己的话来说"已经臭大街了",实则红遍大江南北的《五环之歌》。"五环,你比四环多一环……"这首歌,如今的效果丝毫不亚于《最炫民族风》《爱情买卖》《小苹果》等洗脑神作。

不能说如今的岳云鹏已经自成一派,但说他独当一面,任何人都说不出个"不"字。在他形成如今的表演风格之初,还能从他身上依稀看到其恩师郭德纲的影子。

当年郭德纲刚出道时,打出的招牌是"非著名相声演员",只用了三个字("非著名")就给自己绘出了一片独立的天空。

他还经常用这样一首定场诗来自我介绍:窗前明月光,

疑是地上霜。举头望明月，我是郭德纲。

"相声演员"的称谓极为普通，《静夜思》人人倒背如流，两者都俗得人尽皆知，没有什么新奇，但郭德纲偏偏能巧妙地从中翻出新意。

岳云鹏继承了他这一路数，并继续发扬光大。看看《欢乐喜剧人》每一次岳云鹏的登场，只要他提到"五环"两个字，观众就像打了鸡血一样乐不可支，就知道岳云鹏的表演，是多么地让观众受用。

想要自绝于人民，最有效的办法就是高居九天之上，自说自话，誓死不和柴米油盐产生半点联系。诸如相声这样起于市井的表演艺术，自然不会这么做，而需要人民手中每一张选票来决定自己未来生涯的政治家们，更是从来不会这么做。

奥巴马一战成名的经典演讲篇章《无畏的希望》，便是从自己的祖父讲起（他不过是个普通的厨子，还做过家佣），父亲赴美留学，母亲生长于一个平凡的小镇……坦白说，这故事波澜不惊，新意欠奉，但奥巴马偏偏从俗套的故事中，独出机杼，总结出令人拍案叫绝的道理——

"人生来平等，造物主赐与他们以下不可剥夺的权利：生命、自由和对幸福的追求。"（We hold these truths to be self-evident, that all men are created equal, that they are endowed by their creator with certain inalienable rights, that among these are life, liberty and the pursuit of happiness.）

早在奥巴马之前，不列颠海峡对面的英国首相丘吉尔，亦是俗能生巧的顶尖高手。他的精彩一生，可谓众说纷纭，褒贬有之。但在他被美国杂志《人物》列入近百年来世界最有说服力的演说家阵容这一点上，却是没有丝毫的争议。

他不仅能够在国会上慷慨陈词，生活里的他，更是妙语连珠，抖机灵堪称一大绝活。

他尤为擅长将生活中发生的平常事情巧妙地应用在语言中。

1922年，因为做了阑尾切除手术，身体欠佳的他，在代表自由党竞选时失败。朋友试图安慰他，他却说："转眼之间，我发现自己失去了职务，失去了党派，失去了席位，甚至还失去了阑尾。"这句话逗乐了所有人，也让现场沉闷的气氛顿时轻松起来。

将平常的、大众化的、充满烟火气的"俗"的生活内容加工提炼后，应用于表演、演讲等艺术形式，或化用到难以简而言之的事件或情境中，这就是"俗能生巧"的独特价值。

因为起手于"俗"，所以它能够方便地让人理解与消化，也正是因为其本质为"俗"，才会以奇兵姿态，在"不俗"的场合，产生让人意想不到的语言效果。换句话说，"俗能生巧"像是在牛粪上种出的绚烂无比的鲜花，而这朵美丽的花，即便摆在国家级会议的迎宾台上，也丝毫不逊色。

"俗能生巧"并不是件简单的事。如王国维提出"古今之成大事业、大学问者，必经过三种之境界"一样，"俗能生巧"也包含着三层境界。

第一层境界，是只求满足人们简单的感官刺激，将"俗"

的内容粗加工，甚至不加工就直接端上台面，粗暴而又直接。绝大多数的好莱坞屎尿屁电影、几乎全部国产恐怖片以及你在饭桌上听到的黄段子都属于此类范畴。

第二层境界，是"俗"的内容提炼与升华，欲说还休，尽在不言中，留给受众思考与消化的空间。在看似俗不可耐的好莱坞电影里，也诞生了《美国派》《宿醉》等票房口碑双丰收的佳作，甚至费玉清的"嘿嘿嘿"、网络语言"啪啪啪"，也让你会心一笑，别有一番滋味在心头。

第三层境界，则是像传说中的武侠高手一样，无所拘泥，飞花摘叶皆是利器。同样是惊悚片，同样追击连环杀手，这类片子古今中外拍了成千上万部，但迄今为止，20年逝去，《七宗罪》依然被视为此类"重口味"影片中无上的经典。

在《蔡澜谈倪匡》这本小书里，蔡澜生动记述了发生在两个好友之间的一件趣事。

倪匡曾友情参演过一部叫作《僵尸医生》的喜剧电影，但他不演医生，也不演僵尸，演的是一个抓鬼的道士。

倪匡心宽体胖，天生带着几分滑稽感，演起喜剧，还未开口，外形就先给他加分。在剧中，他扮演的道士收服了一只女僵尸，按照剧情安排，他需要用手抓着女僵尸的双腿，提上来看看她死去没有。

戏中要求，倪匡要抓住女僵尸双脚脚踝，但是倪匡个子矮，只能抓到她的双膝，一举起来，正对着女僵尸的下体，倪匡即刻放手，落荒而逃。女僵尸猝不及防，摔在地上，脖子差点摔断。

蔡澜去探班，站在旁边看热闹，见此情景，忍不住暗笑，大吼一声："政府机构，民政司处！"

旁人听了这话，云里雾里。但是倪匡即刻会意："你这衰仔，用广东话骂我'闻正私处'。"

说罢，倪匡挥着拳头，追打蔡澜。蔡澜落荒而逃，周围的人早已经忘了继续拍戏的事情，纷纷笑到肚痛。

蔡澜和倪匡，都是"俗能生巧"的个中高手。蔡澜在接受《鲁豫有约》访谈时，面对鲁豫提出的"第一次在片场的感觉，您还能记得吗"的问题，蔡澜给出了极有意思的回答：

"我认为拍戏，拍电影是一个很浪费时间的事情，大家都在那边等，打灯，一拍下来就拍一个镜头，一下子就拍完了，就像鸡在做爱，那件事情一秒钟就干完了。"

对此，鲁豫大笑，声称"这样的比喻，我还是第一次听到"。

"鸡在做爱"的场景，我们就算没见过，也很容易想象，但从没有人能像蔡澜一样，用这俗到极致的语言，简单的几个字，就让从没有涉足过拍戏现场的普通人，对这一过程有了明明白白的感受与体悟。

再举个例子：博弈论并不是一门容易理解的学科，但是数学家纳什运用"俗能生巧"的原理，短短几句话就阐明了博弈论的奥义——

如果四个男生都去追一个漂亮女生，那她一定会摆足架子，谁也不答理；而这时，男生再去追别的女孩，别人也不会接受，因为没人愿当备胎。但是，如果这四个男生先去追其她女生,那个漂亮女孩就会感觉被孤立,这时再去追她,就简单多了。

就算你没有去专研博弈论的念头,但读完这段话,你也会对博弈论有了大致的了解。退一万步讲,你至少会清楚,它不是一门教人如何下棋的学科吧。

职场实用指南之"狠"低俗

呆若木鸡是最高境界

一、事经我手,我即负责

职场上有一种"四拍干部":决策时,不讲科学论证,不调查研究,只管"拍脑袋";遇到质疑、遇到困难阻碍,"拍胸脯"——放心,包在我身上!过程中,麻烦不断出现,事情越做越不靠谱,偏离目标、难以为继,这时候开始"拍大腿"——唉,这事儿怎么当时没想到呢?这些风险你们怎么没人提醒我呢?最后事情搞砸了,丢下烂摊子"拍屁股"走人,等着换个环境,再开始另一个"四拍"。

当然,单靠着这"四拍"神功行走江湖,要做到每一次都安然无恙、逢凶化吉,难度极大。连韦小宝那种智商和情商都达到了顶尖级别的极品,要想全身而退,也必须多学一门"神行百变"的逃跑功夫。因此,组织中能看到的"四拍"俱全的人一定不会太多，多数人充其量也只能练到"二拍""三拍"的水准而已。

与"四拍干部"类似的，社会上还有一种类型的人，叫"三不选手"，就是遇事"不主动，不拒绝，不负责"。

其实，愿意修炼"四拍三不"神功的人，都是聪明绝顶的人，只不过，自恃聪明就难免投机取巧，不愿意下笨功夫、苦功夫，到头来必然是扛不住事，也负不得责，关键时刻掉链子。

一句话，这种人对自己不够狠！

职场之狠，绝对不是"拍胸脯，撂狠话"，这太低级。职场的狠，是属于"男人就要对自己狠一点"那种——职责所在，全力以赴；一诺千金，使命必达。

什么叫"职责所在，全力以赴"？

这好比足球场上的"守门员意识"：一旦对方进攻，不管你踢哪个位置，都必须拼命阻击，全力以赴拦截、破坏、延缓对方的攻势。防止对方进球是团队的责任，是每一个人的责任！任何时候，你都不能心存侥幸，指望仅靠守门员来把住最后的关口！换句话说，每一个人在防守时都应该具备"我这里就是最后一关"的意识，每时每刻自己都竭尽全力，绝不敷衍了事，不把希望寄托在后面的人来亡羊补牢、挽狂澜于既倒。

事实上，当今足坛的优秀教练们，正是有鉴于此，才通过不断的实践和改良，把观念层面的"守门员意识"进化为具体可行、行之有效的"高位逼抢"战术。

什么叫"一诺千金,使命必达"?

哪怕你承担的是工作流程中的第一环,也要把它看成是最后一环;哪怕你承担的是工作流程中最普通的例行事务,也要把它看成是无比重要的责任——至少,你交出去的工作成果,就你自己来看,已经代表了力所能及的个人最佳水准!

工作中有一种可怕的却容易被人忽视的心态:既然我不是最终决定者,既然我后面还有人来签字对此事负责,既然我只是提供一种参考意见、参考资料,那么,不用那样严谨认真也是可以的吧?特别是这一次确实时间紧迫,稍微忽略一下质量应该是可以接受的吧?

举个例子:一项工作,你认真做,要3小时才能做好;在此基础上,你的下家再花3小时即可完工。可是在上述"既然心态"的作用下,你只花了1个小时就草草了事,下家面对这错误遍地漏洞百出的次品部件,无论如何也难以继续下一工序,除非他将错就错,也对付出个一错再错的结局。

于是你不得不返工。这一次你还是只花1小时小修小补,下家也只好再试一次"无效重启"。第二次返工,在运气好的情况下,由于下家事实上帮你做了很多校正工作,你再花1小时终于能够交差了。

你觉得很高兴:一次做好要3小时,我做3次也只用了3小时,不是没什么损失吗?

是吗?那下家所花费的冤枉时间算在谁的账上?来回返

工的"交通费用"算谁的？效率低下、心情郁闷的后果又应该由谁负责？……

事经我手，我即负责。

男人，就要对自己狠一点！

二、渐入呆境

苏东坡说："人皆养子望聪明，我被聪明误一生。"聪明人往往不愿意下笨功夫，最终根基浮浅，行之不远。殊不知笨鸟可以先飞，乌龟也能跑赢兔子，关键在于聚精会神、坚持到底。

"锲而舍之，朽木不折；锲而不舍；金石可镂。"有人很怕低俗，一心想求高雅；殊不知眼高还要手低，大俗即是大雅。低、俗二字，不是洪水猛兽，不会吃人。"小鸡不撒尿，各有各的道。"庄子也说："道在屎溺，每下愈况。"

不要怕低俗，傻人有傻福。"很傻，很天真"不也是一种境界？

不过，要真正修炼到"傻人有傻福"的境界并不容易，我们不妨试按以下三阶段循序渐进，或有可能渐入呆境——

第一阶段，不怕呆。

（一）在自我认知方面，必须相信勤能补拙，能做到笨鸟先飞。自认天纵英才、不屑于勤学苦练者，就不必费事进这个门了。

（二）与人相处时，记得"不痴不聋，不做家翁"。这并非讲要装聋作哑、混淆是非，而是请大家留意"水至清则无鱼，人至察则无徒"的古训。

以组织分工来讲，职责所在，固然是当仁不让、责无旁贷，家翁总是家翁；而在工作衔接的那些地方，好比接力棒的传递区间，前一步、后一步都是可以的，就要体现弹性，给别人发挥和施展的空间，而不能凡事都以自己的意见为准则。

尤其当边界模糊、对错难辨、争执纷起的时候，更须以组织发展为指向，尽可能地稳定团队、谋求共识。组织的存在，不是为了证明某人更聪明、更能干，而是要达到"一群人愿意并且能够一起做成一些事"的目标。

天时不如地利，地利不如人和。和为贵。

第二阶段，怕不呆。

（一）在个人追求和发展的目标方面，不求聪明，难得糊涂。

郑板桥解释说："聪明难，糊涂难，由聪明而转入糊涂更难。放一着，退一步，当下心安，非图后来福报也。"可见他说的糊涂，并不是"揣着明白装糊涂"的意思，而是类似一种得道无争、轻松适意的状态，混沌而自然。

难得糊涂，讲的是不以聪明为追求和评判标准，不逞能（放一着），不逞强（退一步）；难得糊涂，就是一种"当下心安"的状态和境界，既不是"小事糊涂，大事明白"的权衡取舍，更不是为达成某种目的而使用的手段，"非图后来福报也"。

不求聪明，然后求不聪明。应试教育和素质教育的关系，与此类似。

（二）在个人以及组织的工作实践中，讲究"结硬寨，打呆仗"[这是湘军的基本战术，语出曾国藩在同治五年（1866年）写的奏折]：坚守核心，稳扎稳打，才是克敌制胜之道。

曾国藩这样要求湘军："扎营宜深沟高垒。虽仅一宿，亦须为坚不可拔之计。"这是在基础面、在细节上下狠功夫、下笨功夫；只要功夫深，铁杵磨成针。他的老乡毛泽东也说：世界上怕就怕"认真"二字。

第三阶段，呆不怕。

（一）在风格和气质层面，逐渐进入大智若愚的状态。

武侠小说中的顶级高手，精华内敛，看似寻常人。大智若愚或者也可以这样理解：它不是说一个很聪明的人懂得装傻，而是说大智"即"愚——真正高水平的人一般不显山露水，甚至在很多时候看起来真有点傻呼呼的。

这就是俗话说的"一瓶子不响，半瓶子晃荡"。当瓶子里装满水的时候，有时候会让人误以为里面是空的；反倒是半满不满的时候，很容易被一眼看穿。

（二）使命必达，心无旁骛，"呆若木鸡"已接近职业人的最高境界。

这是《庄子》讲的寓言故事，说一只斗鸡，当它被训练成功后，"（其他）鸡虽有鸣者，（这鸡）已无变矣，望之似木鸡矣，其德全矣，异鸡无敢应者，反走矣。"

这是无与伦比、无坚不摧、无往不胜的斗志和力量！可以再引用郑板桥的一首诗《竹石》来比拟：

咬定青山不放松，
立根原在破岩中。
千磨万击还坚劲，
任尔东西南北风。

第五章　比较感动（上）

　　也许每一个男子全都有过这样的两个女人，至少两个。娶了红玫瑰，久而久之，红的变了墙上的一抹蚊子血，白的还是"床前明月光"；娶了白玫瑰，白的便是衣服上的一粒饭粘子，红的却是心口上的一颗朱砂痣。

——张爱玲《红玫瑰与白玫瑰》

前言：
无比较，不成活；有比较，便疯魔

为什么——

古罗马帝国的大佬马略，连续五年担任执政官，风头无两，被誉为"祖国之父"。身为响当当的人物，只因一句无心之言，就拉来了元老院仇恨的目光，被那些手握权柄的老头子们视为"共同的敌人"？

美苏争霸期间，科技水准遥遥领先的美国人，迫于财政压力及国内民众的反对浪潮，本已放缓军备竞赛的步伐，却仅仅因为大洋彼岸喝着伏尔加的俄国人的一句话，便改变初衷，转而疯狂加大军事科研的力度？

你本来已经打定主意，这个"双十一"再买就剁手。但是电视、网络和地铁旁的大幅广告牌不知不觉消磨了你的意志，你打算只看看热闹。但是淘宝网上醒目的文字让你着魔般下了少则几百元多则上千元的单？

是啊，这都是为什么？

有个笑话说：两名逃兵被军事法庭惩罚，其中一个被打了五十大板后，屁股上血肉模糊，居然还笑得出来。旁人怀疑他被打了屁股，伤到的却是脑袋。问他笑什么，他实言相告："我赚到了。和我一起逃跑的那个家伙，被打了一百大板。"

你看，决定逃兵开心还是难过的最主要原因，不是屁股疼不疼、板子重不重，而是别人挨了多少板子。按照这位老兄的逻辑，若是他挨了二百大板，哪怕只是一百零一大板，他的心理状态也会和此时大为不同了吧。

比较的行为，其实不止逃兵独有。它早就深植在我们每个人的 DNA 当中——

为了生存，我们的祖先需要比较四时的变迁、阴晴的变化、潮汐的涨落来得知何时是获取食物的最佳时节。

他们手持粗糙的木棒石刀走在原始森林里，唯有敏锐察觉任何风吹草动的异常，才不至于成为猛兽的晚餐。

他们也必须学会比较各种蘑菇花纹、形状和气味的不同，才知道哪种可以用来煲汤增加营养，哪种吃了能更快地去见上帝。

无比较，不成活。人类成功繁衍至今，我们每个人都熟练掌握了这门本领。

只有比较，才能凸显落差、昭然不同，放大彼此之间的差距，直至我们能够辨识的程度。我们大多数人看不懂跳水比赛。但是 10 米台上，一名选手向后翻腾 2 周半转体 1 周半抱膝，另一名选手向内翻腾 4 周半屈体，你轻而易举就看得出来，后者比前者厉害得多。

只有比较，才能让好的更好、坏的更坏。左拉的经典作品《陪衬人》描述的就是这样一种场景：在法国街头，让奇丑无比的女子和艳丽万方的女子并肩而行，前者自然而然提升了后者的美貌，效果胜过一切闪亮的首饰、华丽的晚装以及化妆品。

这就是比较的力量！在本章中，我们将带您了解并掌握将"比较"应用在语言中时所产生的效果——如同将一把生锈且无锋的匕首，瞬间打磨成鱼肠、龙鳞般的神兵利器一样，它具备让你的语言具有无上威力的可怕魔力。

或许你已经亲身体验过了，说不定你的父母就是深谙于此道的高手。一句"你看看别人家的孩子"看似轻描淡写，于无声处听惊雷，对你幼小的心灵实现了既精准又全方位覆盖的猛烈打击，让你的心噌噌往外飙血的同时，你的心情也从盛夏晚晴天，瞬间转化为郁郁黄梅雨。

你感到悲愤、不爽、委屈，但又无法辩解。因为张家的孩子确实比你数学好，李家的孩子英语更是呱呱叫。但你不甘心束手就擒，于是采用同样的方式反驳——张家孩子他爸做生意，比你有钱多了；李家孩子他爸是大学教授，学识渊博，你根本比不上……

这句话的效果立竿见影，于是你的屁股结结实实地肿了起来。你切身体会到了"比较"的语言魔力，但也付出了三天不能去上课的沉重代价。

有比较，便疯魔。

马略在闲谈中表示："元老院那些穷得叮当响的老头子，不但没穿过紫色的长袍，连摸都没摸过。"

赫鲁晓夫骄傲声称："我们拥有连太空中的一只苍蝇都能击中的反导弹武器，他们（美国人）差远了。"

你狂点鼠标下单时，有句话如同咒语，不停在你脑海里飘来飘去："全场3折起包邮。"

现在你知道了——元老院的人并不是天生和马略有仇，只是被马略嘲笑的话语戳中了痛点。在当时，紫色是一种极为稀罕的颜料，源自深海一种贝类，除了马略，任何人都消费不起。

美国人的策略朝令夕改，也不是因为大脑短路。他们恐惧赫鲁晓夫所说的是事实，自觉军事实力与对方差距太大，并顺势脑补了美国本土被苏联人袭击的可怕画面。

你也不是被淘宝洗了脑，只是觉得物有所值、物超所值，此时不买就是亏，走过路过不能错过。什么"再买就剁手"的承诺，早就抛到了九霄云外。

产生这一切行为的源头，都是因为比较。

第一讲：
制造反差——再嫁人也绝不会比你差！

> ——比较的最普遍用法，是制造反差，甚至落差。将两个或多个人、事、物捏合在一起，彼此映衬、相互对照，通过对两者的共同属性进行判定，自然得出凸显差异化的答案。

1947年，上海滩的风云人物杜月笙办六十大寿，在上海的中国大戏院，举办了规模空前的十天堂会。

"四大名旦"之首的梅兰芳，和人称"冬皇"的孟小冬来轧大轴。梅兰芳唱了八天的主角，孟小冬唱了两天。余音绕梁，袅袅不绝，京剧迷们大饱耳福，唯一遗憾的是，声名如日中天的两人，并没有同台演出。

而这，其实早在人们意料当中。

梅、孟两人的恩怨情仇，要追溯到1925年。彼时18岁的孟小冬，初试啼声，便临时顶替名角余叔岩，与梅兰芳合演《四郎探母》。孟小冬毫不怯场，唱老生非但没有半点"雌音"，而且与梅兰芳合作，丝毫不落下风，博得满堂喝彩。

孟小冬一唱成名。此后戏票的卖座程度几乎与梅兰芳、余叔岩等人持平。转过年来，某次堂会上，有人思及昔日两人合演之精彩，提议再同台联袂一出《游龙戏凤》。

一个是须生之皇，一个是旦角之王，两人的珠联璧合，再次引爆全场。但这一次，台下的梅党则有了另一番心思，悄悄琢磨"若是将这两人凑成一段美满婚姻，也是人间佳话。"

1926年，《北洋画报》上忽然刊登文章："小冬听从记者意见，决定嫁，新郎不是阔老，也不是督军省长之类，而是梅兰芳。"同时还配发梅、孟各一张照片，照片下的文字介绍分别是"将娶孟小冬之梅兰芳（戏装）""将嫁梅兰芳之孟小冬（旗装）"。

在名人效应所引发的无数街谈巷议私语声中，1927年初，两人成婚，但未对外公开。

将在台上配合默契的女神追到手，对梅兰芳来说，是人生幸福之时。但对孟小冬来说，这桩万众期待且艳羡的婚姻，却是不幸的开始。

离开了戏台，孟小冬感觉像是离了水的鱼，终日无所事事。她不是不想重返舞台，但梅兰芳始终以"男主外女主内""朋友会笑我连自己的太太也养不活"为理由阻挡。梅兰芳还主动出面，声称外界所传自己和孟小冬的结合，是记者虚构，弄得《北洋画报》等诸多媒体十分狼狈，孟小冬也气结不已。

空闺寂寞、梅党反对，再加上成婚三年，始终未被允许踏入梅家大宅一步，生性高傲的孟小冬终于做出了劳燕分飞的决定。她不顾梅兰芳再三挽留，同时告诉梅兰芳："我今后要么不唱戏，再唱戏不会比你差；今后要么不嫁人，再嫁人也绝不会比你差！"

一言出口，即成永诀。梅兰芳腿一软，跌坐在椅子上，半晌不能动弹。这段甘苦自知的婚姻，终于走到尽头。在杜月笙出面干预下，作为补偿，梅兰芳把他最心爱的北平无量大人胡同的花园住宅卖掉，折款给孟小冬。

得知此事原委的梅、孟戏迷们，无法不掬一捧同情之泪。但事已至此，无法挽回。

1950年，孟小冬在香港成婚。再嫁的对象，正应了她离开梅兰芳时所说的话，是个绝不比梅兰芳差的人——杜月笙。

金屋藏娇的梅家院落，孟小冬撂下狠话：再嫁人也绝不会比你差！

20世纪90年代的无数录音机里，钟镇涛深情款款地唱：只要你过得比我好。

2008年北京奥运会赛场上，解说员激动得声音颤抖：9.69

秒，破世界纪录。博尔特实在是太快了！

差、好、快，再加上无数我们常用的形容词——美、高、帅、白、富、香甜、干净、豪华……你发现了什么？

形容词本身，如同站在阳光下的吸血鬼，或是44.1℃中的白磷，要么化为一滩脓水，要么燃烧为灰烬。

因为，它无法独立存在。

它之所以产生效果、具有意义，是因为在形容人、事、物的同时，旁边必须树有另一个或明显、或潜在的人、事、物作为参照物。

钟镇涛的情歌之所以打动人，是因为歌词体现了不计过往的博大胸怀，甚至不惜将自己献祭，希望对方过得更"好"。他在将对方的未来与自己的未来相比。

媒体对博尔特不吝赞美之词，是因为他超越了目前人类所能达到的速度极限。他的"快"，是和芸芸众生相比。

没有比较就没有鉴别。以此推想，伊甸园里的亚当如果没被门夹了脑子，就绝对不会对当时世上唯一的女人夏娃，说出："你是世界上最漂亮的女人"这种听起来就没什么诚意的话。

比较的最常用功能，是制造反差，甚至落差。

将两个甚至多个具有某方面或多方面相同属性的人、事、物，捏合到一起，彼此映衬、相互对照。在此过程中，形容词往往充当急先锋，通过对两者的共同属性进行判定，给出一个凸显差异化的答案。

心高气傲的孟小冬，与梅兰芳分手时，以她的性格，已经说得很委婉：非但我的戏不比你差，我以后嫁的人也不比你差。其内心深处的潜台词则是：我以后嫁的人，一定比你"强"。

她说到也做到了。论起当时在上海滩的滔天权势，与杜月笙相比，作为艺人的梅兰芳远远不及。

相声大师马季的经典相声《五官争功》则生动描述了多方比较的场景：眼耳鼻口争闹不休，各自声称自己的功劳最"大"。如何判定哪个器官贡献最突出？自然是大家把各自的贡献都一条条罗列出来，相互比较，才能得出结果。否则，空口无凭，谁会服气呢？

别以为这些历史或舞台上的情境离你很遥远，生活中，比较更是无处不在。

不比较，你如何确定韭菜和白菜馅的包子哪个尝起来更"鲜美"；不比较，你怎么确定上班打车、坐地铁还是公交，哪个性价比更"高"；不比较，你为什么会对公司新来的前台大波妹子垂涎三尺，而对天天坐在身旁办公的排骨妹视而不见……呃，这个话题就此打住！

但比较也不是万灵丹。拙劣的比较，就像是一盘煮烂了的饺子，让人大倒胃口——

邻居家建了个狗窝，你非要夸赞和鸟巢一样"雄伟壮观"，对方要么不理你，要么直接劝你去精神病院挂个急诊。

夸赞已经将广场舞作为人生头等挚爱的大妈"年轻"得不过三十出头，对方不会觉得你嘴甜，只会怀疑你是不是怀有推销给她预防风湿病、关节炎等特效药的不良企图。

　　说到底，比较就像感冒药，常见且有效。但是是药三分毒，使用时，还请谨慎而行。

第二讲：
层层推进——国家不可一日无左宗棠

> ——以"长江三叠浪"的方式，通过连续的比较，将反差进一步扩大，完成递进。递进拒绝平淡无奇，为了凸显最终比较目标的核心地位，它甚至"语不惊人死不休"。

晚清重臣左宗棠未发迹时，担任湖南巡抚骆秉章的幕僚。骆秉章对他非常信任，大小事宜都放心交给他打理。所以左宗棠虽然只是举人出身，权力却很大，人称"二巡抚"。

借助骆秉章的权力与信任，左宗棠铁腕整饬湖南腐败的吏治，接连罢免、惩办了数批贪官污吏。百姓们为此拍手称快，但因此在政坛之上，左宗棠也树立了无数的敌人。

双方之间的矛盾越积越深，到1858年，因"樊燮事件"而总爆发。

在该事件中，左宗棠为骆秉章提供时任湖南永州镇总兵樊燮，私贪军饷等罪状在先，骆秉章入京时，在咸丰帝面前，结结实实地告了樊燮一状在后。但作威作福惯了的樊燮，仗着有湖广总督官文撑腰，反咬了左宗棠一口。

在别有用心之人的唆使下，这桩案件由简简单单的贪污案，演变成为满汉官僚权力之争。官文、樊燮等官员深知皇帝对于汉族势力在长江流域的崛起本就不大放心，因此加油添醋，声称湖南衙门里多出个左宗棠，不仅飞扬跋扈，更是越权干政，这"一印两官"的罪名若是坐实，左宗棠有几颗头颅都不够砍。

官文等人的诬告，可谓命中了咸丰帝的死穴。咸丰帝随即下密旨"如左宗棠果有不法情事，可即就地正法"。

官文持皇帝手谕，杀气腾腾，来势汹汹。幸而有人透露了风声，才给了左宗棠缓冲的机会。为保住左宗棠，汉臣胡林翼、曾国藩纷纷出动，识大体、顾大局的满族重臣肃顺等人也出手相助。各地保左宗棠的折子，雪片般飞向咸丰帝的时候，在此关键时刻，南书房翰林院编修潘祖荫起到了至关重要的作用。

正是在潘祖荫的折子里，诞生了传颂千古的两句话"国家不可一日无湖南，湖南不可一日无左宗棠"。后来有人赞道，有此两句话珠玉在前，其他任何称赞左宗棠的话，都显得多余。

就连咸丰帝也没想到，支持左宗棠的呼声如此之高，不止湖南，连京师的官场都跟着震动起来。深感意外的同时，再读到潘祖荫的折子，他的龙颜彻底绷不住了。

咸丰帝特意在养心殿召见了与左宗棠自小相熟的郭嵩焘，仔细了解关于左宗棠的情况。郭嵩焘声称"左宗棠才极大，料事明白，无不了之事，人品尤极端正"，对此，咸丰帝表示赞同，也终于意识到潘祖荫并非危言耸听。在想清楚此中关窍后，随即"天心大转"，下旨命左宗棠以四品京堂候补，随同曾国藩襄办军务。

天子一令，左宗棠终于结束了多年居于人下的幕僚生涯，从此招募并建立楚军，东征西讨，建功立业，名耀后世。

康乾盛世，早已是明日黄花。咸丰帝接手的大清王朝，如一座琉璃宝塔，表面看上去玲珑剔透，实则内里裂隙重重。

此时最让咸丰帝头痛的，不是经济的举步维艰，不是满汉官僚愈演愈烈的政权之争，而是肇始于广西一个小小村落，如今战火席卷大江南北的太平天国运动。

养尊处优的八旗子弟兵，面对"拜上帝会"的信徒，毫无还手之力，节节败退。此时担当起御敌之责的，恰是地方汉族武装——湖南的湘军。

此时，湖南在支撑天下。

昔日长沙遭太平军围城三月之际，正是靠左宗棠的才干，使太平军最终怏怏撤围而去。如今在骆秉章信任之下，左宗棠大展拳脚，不仅"内清四境"，使得湖南军政形势转危为安，更是"外援五省"，协助湖南周围各省，合力挡住了太平军的咄咄攻势。

此时，左宗棠在支撑湖南。

潘祖荫的奏折，正是敲在问题的节骨眼上：国家不可一日无湖南，湖南不可一日无左宗棠。归根结底一句话：国家不可一日无左宗棠！

一句话点醒了咸丰帝。他终于明白了左宗棠之于大清的重要性，所以不惜自己打自己的脸，废掉密旨，重用左宗棠的行为，也就在情理之中了。

咸丰帝的举动，体现了比较的第二个功能：递进。

比较一次，制造反差，这是我们上一讲里已经学会的技能。比较两次或多次，通过制造连续的反差来加强效果，是这一讲的关键所在。

俗话说："不比不知道，一比吓一跳。"若是制造"反差"，比较一次已然足够。但是"递进"并不满足于此，而是要让你"吓两跳""吓三跳"甚至"吓N跳"，为了加深印象，它追求的是"语不惊人死不休"的效果，若非如此，见惯了大世面的咸丰帝，又怎会被轻易打动？

想要完成递进，至少要经过两个比较级，必要时，甚至要过五关斩六将。如同李小龙在《死亡游戏》中经历"鹰殿""豹殿""虎殿""龙殿"重重考验，最终才能站在"无名殿"内，与最终BOSS厮杀并取而代之，方显达到最高修炼境界一样。"递进"也要求通过层层选拔、步步推进，历经沧海横流、大浪淘沙之后，方可为王。

举世瞩目的拳击赛开场前，总会有几组垫场赛。你来我往热闹非凡，等到若干个回合之后，真正的对战双方才会登场。

这年头人力资本多贵啊，主办方吃饱了撑的么？要请这么多人来垫场，直接让争夺金腰带的双方开战，岂不是省时省力？

真不是你想象的那样。没有垫场人员做铺垫，为主力选手的登台制造递进效果，又如何凸显拳王们的勇武彪悍、实力超凡？

要想实现递进，做法很简单——先让虾兵蟹将登台亮相，大 BOSS 可千万不能按捺不住，必须且毫无疑问地要最后一个出场。当然，若是率先登台的就是高手、高高手，那就更加彰显后面登台的人不同凡响了。

《沁园春·雪》大家都会背："惜秦皇汉武，略输文采；唐宗宋祖，稍逊风骚。一代天骄，成吉思汗，只识弯弓射大雕。俱往矣，数风流人物，还看今朝。"

主席的这首词，豪迈雄壮，发表于重庆《新民报晚刊》后，引起轰动。据说蒋介石曾为此专门召集文人墨客，想要攒出一首胜过它的词，却没有成功。

这首词赢得广泛赞誉。尤其是结尾部分，举出中国历史上公认的几位帝王级英雄，不为歌功颂德，只为递进出一个"风流人物，还看今朝"的豪迈宣言。这一结尾震撼千古，就连蒋介石身边的"领袖文胆"陈布雷读了也不得不叹服，称这首词："气势磅礴、气吞山河，可称盖世之精品。"

比较和呼吸一样，是人们的本能。你说出的事情，还未等你给出结论，对方心里已经有了判定，所以你一定要忍住，把最"高大上"的留到最后，才会给人造成更深刻的印象。

你参加面试回来，和朋友吃火锅。虽然还不知道结果，但朋友也想得知你面试的过程。

你说："我先是见到了人力资源专员，和他聊了一阵，然后去见了直属领导。"

你的朋友觉得这很正常，继续问："然后呢？"

"然后见了直属领导的上级，接着见了人力资源总监。"

这时候，你的朋友已经对你肃然起敬了，毕竟你已经连通四关。

"再然后呢？"

"然后我见到了总经理。"

你的朋友保不准就会怪叫一声："你小子行啊，连总经理都见到了，入职应该十拿九稳了吧。"

不管你最后求职是否成功，你的朋友对你这段经历，都会印象深刻。你看，他刚刚涮好的那块毛肚，都让给你了哦。

递进能够制造强大的语言效果，但它也有弱点——你必须通过一步一步的比较来实现它。它就像是一杆性能卓绝的狙击枪，千米之外制敌毫无困难，但是你需要事前一步一步进行零件的组装。

我们没有那么多死党耐心听我们慢慢说话。我们也没有潘祖荫一样的才华，能够字字珠玑、口吐莲花。

大家都很忙，有话请直说。在人与人的交流中，对方或许只给我们一眨眼、一朵花开或者电梯升降的短暂时间来作答，而这时候，再去用递进的方式层层推进，显然不合适。

那么，是不是说明递进在日常生活中就毫无用武之地了呢？当然不是。

把推导的过程埋在你心里就好，直接告诉对方递进之后的结果就足够了。因为对方需要的，往往也是一个结果。比如一句"史上最烂国足"，足以让你走遍大江南北，收获无数知音。

在中文里，代表递进结果的词有很多：最、至高、唯一、完美、无以伦比、望尘莫及……熟练掌握其中任何一个词，都可以成为你实现递进手段的杀手锏。

且以"最"字为例，让我们看看小马哥在"习马会"上怎么说——

"当前的两岸关系，已经是1949年以来最为和平稳定的阶段。"

小马哥的这句话，使得与会者频频点头，记者们奋笔疾书，摄影师更恨不得给这一瞬间定格并套上字幕。一个经过递进的"最"字，其肯定的意义已然重逾千斤。

广大男同胞们一定要学会这一招，因为用它来回答你女朋友，往往能起到四两拨千斤的奇效。

下次当你的女朋友再问你有多喜欢她、对她感觉如何时，别不耐烦也别犹豫，直接以斩钉截铁的语气告诉她："你在我心中是最美，只有相爱的人才能体会"或者"在爱的幸福国度，你就是我唯一，我唯一爱的就是你。"

就算你不指望她面泛红晕，羞答答倒在你怀里，至少她也会因这样的话而心中暗爽，从而大发慈悲允许你上线玩一局 DOTA——这不是挺好的吗？

第三讲：
破格对标——我的梦想和你的一样

> ——在外部力量的强行干预下，把原本强弱有别、高低不同的双方，强行置于同一个水平面上，来实现实力的均衡，即为对标。它使原本弱势的一方，因为沾上了强势一方的熠熠星光，而变得和后者一样光彩夺目。

"我们队就需要你这样的，你唱得太棒了！"

"我今年有32场演唱会，我会让你去做嘉宾！"

"选我选我选我！"

2012年夏天，对于中国观众而言，火爆的不只有欧洲杯以及伦敦奥运会，一档叫做《中国好声音》的节目横空出世，其收视率也随着那年夏天的气温一路飙高。

各地方卫视自然不会眼睁睁地看着"好声音"的播出方——浙江卫视一家独大，为了在重新火爆的音乐类综艺节目的市场上抢得一杯羹，无不使出浑身解数。仅湖南卫视就陆续推出《我是歌手》《中国最强音》，就连暌违六年之久的老前辈《快乐男声》也重出江湖。

然而并没有什么用，"好声音"以不可阻挡之势，遇佛杀佛，唱响中国。第一期收视率便在全国排名第二，第二期在本就让人眼红的基础上，脆生生地又拔高了两个点，抢得全国头彩。

7月27日，第三期节目在人们的翘首期盼中如期降临。一个长发的东北姑娘也随着节目的进行，静悄悄走到舞台中央，也走进了全国观众的视线。

在这个舞台上，她不是第一个唱英文歌的人。但是她一开口，观众惊了，评委也惊了。

你遮住你的眼睛 / 你的鞋跟又这么高 / 以至于你都不能活得痛快 / 大家一起向左看看 / 大家再一起向右看看 / 你感觉到了吗 / 今晚我们付出的是爱……

女孩毫不怯场，娓娓而唱。*Price Tag* 这首曾空降英国单曲榜冠军宝座，曲风和歌词都略显另类的歌曲，她驾驭得纯熟而自如。就连一向持重的刘欢也不停点头。不知是表达对女孩的赞许，还是被音乐节奏所带动。

对于她的演唱，庾澄庆给出专业的意见："在这个舞台上，选快歌很危险，因为没有办法表现出声音的动态。但是（指着女孩，面对其他评委说）她有。粗、细、假音、强、弱，总之，你没办法想象，一个东方女孩会唱出这种音色！"

那时候的女孩，还没有因为在地铁海报上诡异的造型，吓哭小孩子，从而被人怒斥"什么鬼！"而且这个舞台，只看重声音。所以她理所当然地被评委视为珍宝。用那英的话说："我觉得我的团队需要你这种队员，我转过来的时候，眼前一亮，觉得更有色彩了！"

"你的梦想是什么？"杨坤问她。

这一瞬间，沸腾了许久的全场终于安静下来。每个人都在等着这个极具天赋的音乐精灵所给出的答案。

这个叫吴莫愁的女孩，没有让人们等得太久，她大声回答："我的梦想是和你一样，杨坤老师，开32场演唱会！"

评委们忍不住大笑起来，全场再一次欢腾如海。

"好声音"点燃中国，也让观众看到了和以往不一样的东西——那些手握权柄的评委们，不再高高在上，震雷霆之怒，也不再以"毒舌"自居，动辄尖酸刻薄。

为了将原本无籍籍名的草根选手揽入怀中，这些全中国音乐界最顶级的大腕儿们，不仅纷纷展示自己亲和的一面，彼此之间频繁打起嘴仗，且屡有"抢亲"的举动。

通过本章第一讲的学习，你已然了解到这种强烈的反差，具有多么强大的吸引力。它甚至可以使得素来对音乐类综艺节目漠视的人，都乐呵呵地坐在电视机前，看神仙打架，看他们展示平时难得一见的、生活化的一面。

至于吴莫愁，你可能不欣赏也体会不到她所演唱的英文歌的魅力，但你对她依然印象深刻。这或许只是因为庾澄庆的一句话：你没办法想象，一个东方女孩会唱出这种音色！

比较，又是比较！哈林老师不仅对吴莫愁给予了充分的肯定，甚至还给她镀了一层金边。

吴莫愁也没有像许多选手一样，声称"从小有个音乐梦"。她甚至没有打父亲去世的"感情牌"，面对杨坤，她大胆声称——要和你一样，开32场演唱会。

大家都笑了，但少有人认为她是在痴人说梦。

这档节目最大的特质，就在于此——包括她，以及吉克隽逸、李琦、张磊在内的许多人，或许和你同乘过一列绿皮火车，或许和你在同一家大排档吃过烧烤，上节目之前，他们是再普通不过的普通人。

可是转瞬之间，他们成了顶尖音乐人眼中的香饽饽。为了拉拢选手，就连刘欢也不止一次说出"我希望你能来我的演唱会做嘉宾"的话——既然当上了嘉宾，那么"开演唱会"的梦想，似乎也不再遥不可及，而是顺理成章。

"好声音"完美体现了比较的第三个功能：对标。将原本强弱有别、高低不同的双方，强行置于同一个水平面上，来实现实力的均衡。

你并没有听到吴莫愁的演唱，打开电视机时，你只听见了她的梦想宣言。但你依然不会嘲笑她，和在场的无数观众一样，你认同她的梦想，并衷心祝愿她实现。

但如果她站在你家楼下，以同样的音色和激情唱完那首歌，再大声说出梦想。你要么嗤之以鼻，要么好心给她指条路：坐2路汽车，终点站就是精神病院。

为何相同的情况，会导致你截然不同的反应？

因为对标，需要一个重要的前提条件：强大的外部力量的干预。

"好声音"是吴莫愁的外部力量。只有站在"好声音"的舞台之上，她的梦想才会有人认真侧耳聆听，才有人相信她和杨坤一样，有着开演唱会的梦想。

唯有通过外部力量，实现强行的擢升，方能使比较双方处在同一个重量级之上。使原本弱势的一方，因为沾上了强势一方的熠熠星光，而变得和后者一样光彩夺目。

北宋仁宗时期，有个叫吴孝宗的年轻人。尚未显达之时，许多文坛前辈已然对他刮目相看，同辈更是礼让三分，一起聚餐时，最肥的鸡腿每次都让给他吃。

凭啥？原因只有一个：他曾在一次偶然机会，与欧阳修来了个"真情面对面"。

欧阳修何许人也？"千古文章四大家"之一，文坛大神，毋庸置疑的领袖。《醉翁亭记》和《秋声赋》至今存在于初高中的语文课本里，并且要求全文背诵，是和鲁迅一样，让莘莘学子又爱又恨的狠角色。

见到"大神"，吴孝宗不免有几分忐忑，但出乎他意料的是，大神对他大加赞赏。

不仅如此，"大神"特地作诗表示"我自得曾子，于兹二十年。今又得吴生，既得喜且叹。古士不并出，百年犹比肩……"

翻译成白话文，大意为"你就是妥妥的下一个曾巩啦"。

曾巩是谁？那可是和欧阳修同样跻身"唐宋八大家"之列的高手。被大神如此高看，吴孝宗浑身酥软，骨头都轻了几两，自觉是一头站在风口的猪，轻飘飘地就上了天。

对吴孝宗而言，欧阳修意味着是强大的外部力量。得到了欧阳修的肯定，从此吴孝宗在同辈文人面前，可以像螃蟹一样横着走。

你等不来欧阳修，但可以自行引进外部力量——在你老妈问你"数学最近开窍了没"时，一脸淡定，举重若轻地告诉她："我们老师说，我的水平和数学课代表差不多。"

嗯，希望你说的是实话。因为最近治疗皮肉伤的药物，包括云南白药、红花油和碘酒的价格，都上涨了。

第四讲：

相提并论——天下英雄数咱俩

> ——对举，即是将旗鼓相当、层级相同的人、事、物相提并论。如同用两柄（或多柄）绝世的神兵利器相互砍斫，它们之间的磨砺与碰撞，会激发出炫目的火花，使得原本就带着非一般色彩的比较对象形象更加饱满、丰润、高大。

下邳城一役，吕布战败，被缢死在白门楼。除去一个心腹大患，曹操志得意满，豪气干云天。而此时的刘备，却只能寄居在曹操麾下，韬光养晦，整日在后院鼓捣菜园子。

某天，曹操忽然召刘备入府。两人青梅煮酒，对坐畅饮。

酒酣耳热时，曹操忽然说：你在外游历多年，堪称旅行

"达人"。世界这么大，都被你看遍了。我想你眼界一定很宽，不如说说看，天下英雄都有谁？

刘备不停推辞，声称自己一双肉眼，见识浅薄，哪里识得什么英雄？但是曹操说：不许谦虚！人的名，树的影，有些人就算你没见过，也听说过他们的名声。更何况许多人，你都还亲自打过交道。

在曹操坚持下，刘备只能硬着头皮，举了割据淮南、兵马充足的袁术以及四世三公之家、门多故吏的袁绍两人名字。

曹操哈哈大笑道：袁术在我看来，就是坟墓里的枯骨而已。袁绍决断能力差，人又怕死，还爱贪小便宜。他俩也算英雄？我呸！

刘备想了想，继续说道，名称八俊、威镇九州的刘表，和血气方刚、虎踞江东的孙策，算是英雄吧？

曹操不屑地说道：刘表不过是个绣花枕头，中看不中用。孙策就是个官二代，靠他老爹的威风，四处招摇，我都不稀罕说他。

刘备很无奈，再搬出刘璋、张绣、张鲁、韩遂等人，结果曹操一挥手，称这些人都是庸碌小人、蝼蚁之辈，根本成不了气候。

刘备心想你在逗我，说了这么多，全被你否定了。无奈说道：这些人都不能算，那我就实在想不出，普天之下，谁还能称为英雄了呀？

曹操评论道：能称作英雄的人，最起码应该胸怀大志，腹有良谋，甚至有包藏宇宙之机，吞吐天地之志。

话说着，他用手指了指自己，又指着刘备说道：依我看，能称得上英雄的，也就数咱俩。

这一刻，刘备的内心几乎是崩溃的，以至于手一松，筷子和勺子都掉在了地上。

幸好此时，老天站出来帮忙。天雨将至，雷声大作，刘备表示：嘤嘤嘤，吓死宝宝了。想了想，又补充一句：圣人听到刮风打雷，况且也会变脸色。我连圣人的毛都沾不上，又怎么能不害怕呢。

曹操狠狠一拍大腿，自己枉称识人之明，居然眼拙了一回——自己白担心了。刘备原来并不像自己想象的那样深藏不露，这货其实怂得很呐。

此后，曹操逐渐放松了对刘备的警惕。刘备抓住机会，出走徐州，再之后，历史舞台所上演的，就是三分天下的风云传奇了。

　　如何评价曹操？
　　——治世之能臣，乱世之奸雄。
　　如何评价刘备？
　　——弘毅宽厚，折而不挠，终不为人下。
　　刘备希望曹操如何评价自己？
　　——盛名之下，其实难副，竖子不过尔尔。
　　但是曹操如何评价刘备？
　　——今天下英雄，惟使君与操耳！

刘备对自己的认知，是很清晰的。他从不妄自菲薄，也不自高自大。

他并非认为自己比不上曹操，只是不想让曹操也这么想。

卧榻之侧，岂容他人鼾睡？刘备深知，曹操身怀龙心，断不能容忍自己和他平起平坐。若是被曹操看出自己的勃勃野心与政治抱负，人头被"咔嚓"不过分分钟的事。

曹操手下文臣如云，武将如雨，拿任何一个人出来，与刘备做比较，刘备恐怕都不会如此惊骇。但曹操不提荀彧、郭嘉，也不提夏侯惇、夏侯渊，偏偏拿自己和刘备相提并论。

"天下英雄数咱俩"这句话，不啻于在刘备心底引爆了一颗核弹，害得他差点心脏病发——没想到许昌城里，寄人篱下，已经尽数掩盖了锋芒的他，依然被对方高看至斯。

刘备这一生，走的是"以德服人"的情感路线。武力值虽然不高，但至少也骑过的卢马，持过双股剑，上战场时面对敌人千军万马，武器也没脱过手，结果现在曹操轻飘飘一句话，害得他连双筷子都握不住。

曹操这句话的强大威力，正是源自比较的第四个功能——对举。

何为对举？我们许多人小时候背诵过的"天对地、雨对风、大陆对长空"就是最基本的对举。天地、风雨、大陆和长空，两者势力均衡，高度相当，彼此相互匹敌，无法分出个具体高下、孰强孰弱。

换句话说，谁也无法干掉对方。

对举，正是将具有相同属性的人、事、物相提并论。如同用两柄（或多柄）绝世的神兵利器相互砍斫，它们之间的磨砺与碰撞，会激发出炫目的火花，使得原本就带着非一般色彩的比较对象，形象更加饱满、丰润、高大。

想要实现对举，首先要找到旗鼓相当的双方。

依然从"三国"里找例子："恶来"典韦与"虎痴"许褚，OK。论武力值，两人可以实现对举。两人初次见面，还未等报姓名就斗到了一起。结果"从辰至午，不分胜负，各自少歇"，打得后来胯下坐骑都跑不动了，也没有分出个输赢。

"卧龙"诸葛亮与"凤雏"庞统，OK。论谋略，两人也可以实现对举。世外高人水镜先生曾经点评道："卧龙凤雏，得其一可安天下。"诸葛亮变用雅虑、审贵垂明；庞统奇画策算、经学思谋，可惜后者死得太早，否则三国历史很有可能是另一番风貌。

但若是把双方换成张飞与夏侯杰，就一点也不 OK。

长坂桥上，残阳似血，张飞挺矛怒喝，惊得夏侯杰肝胆碎裂，落马而死。说起张飞毕生勇猛，此事不能不提。若是非要把这两人捏成一对儿，构不成对举，只能形成武力值的巨大反差——而这就回到第一讲的内容中去了。

但旗鼓相当，也只是前提条件之一，只做到这一点，也还不够。

张家村耕地数载，善使九齿钉耙的张老二，与赵家沟深藏不露，练就了绝活板凳功的赵老三打架，就算闹得再凶，充其量也只不过邻里八乡的闲人会赶来看热闹。

若是换成剑神西门吹雪，迎战白云城主叶孤城呢？乖乖不得了了，用某位和陆小凤交好的人原话说，就是"赶到京城的武林豪杰，已有四五百位之多……至少还会有三四百位武林名人会到这里来。其中至少有五位掌门人、十位帮主、二三十个总镖头，甚至连武当的长老木道人和少林的护法大师们都会到，只要是能抽得开身的，谁也不愿错过这一战"。

缘何如此？当然是因为西门吹雪和叶孤城的武林身份，这两人可都是武林高手。

无籍籍名的人物，没有任何对举的价值。实现对举的前提条件之二，是双方在达到同一层级的基础上，还要保证这个层级，处在一定的高度，足以让人仰视。

1954 年，发生在澳门新花园酒店的一场擂台赛，吸引了无数人的关注，以当时的科技水平，居然有视频流传至今。梁羽生也以此为灵感源头，提笔写下小说《龙虎斗京华》，而这也成为"新派"武侠小说之源头伊始。

为何如此轰动？只因对战双方，同时满足了对举所需要的两个条件：实力超群、名头极大。太极派的吴公仪是吴家太极拳第三代掌门人，曾在黄埔军校任军校学生部及高级班太极拳教官；白鹤派的陈克夫从学于白鹤派拳名家，深得精要，同时涉猎西洋拳击，门徒众多。

这个层级的 PK，本就引人注目，再加上报业广为宣传，观者如堵一点也不稀奇。

王国维在《人间词话》里将成大事业、做大学问比作要经过三重境界，此言广为流传。

其实，对举也同样存在这三重境界。

第一重境界，是自己主动往"高大上"的对方身边凑，努力踮起脚尖，希望拍合照时能和对方挤进同一张相片里。

若你心存大志愿，如冯仑所言——"傍大款、走正道"，这样的做法未尝不可。因为它可以激发你的斗志，让你甘于流血流汗，去消弭与对方之间的天堑。你把某人的海报贴在床头，提醒自己若干年后和他一样。对举，对于此时的你来说，是心底的一颗火种。

但若你只是希望通过对举，借助对方的声势，来抬高自己的身价，对举则很容易成为你脚下的西瓜皮——前央视著名芮姓主持人就是个很好的教训。

据说平日里，他经常说的一句话是："我的朋友克林顿曾经说过……"作为公众人物，他不可谓不精明，也善于用对举的方式来推销自己。可如今换来的结果，是被检方突然带走，音讯不明。在外界纷纷猜测他如今处境的同时，这句话在被公开后，也成了茶余饭后的笑柄。

第二重境界，是贾宝玉遇见林黛玉。两人一个是阆苑仙葩，一个是美玉无暇，演对手戏恰到好处。站在一起任狗仔队狂打闪光灯时，谁也不高攀谁，谁也不屈尊谁。

曹操就是这样看刘备的，袁绍、袁术、刘表、孙策等一时之豪杰，全都不被曹操看在眼里，唯有刘备，"我说我的眼里只有你，只有你让我无法忘记"。

李世石也是这样看古力的。曾连续三年拿下韩国最优秀棋手大奖、生性高傲的李世石，将古力视为"一生之敌"，甚至当众声称："古力是老天给我的最好的礼物。"

　　能达到第二重境界，你就可以闭着嘴巴，默念"桃李不言，下自成蹊"。对举的任务，抛给对方就好。对方不是普通人，已经具有公众话语权。他此时的一句认可，胜过千言万语。

　　第三重境界，则是对方举着自拍杆，眼巴巴地扑过来与你合影。若是心情好，你可以配合着举起剪刀手。就算心情不好，也要给对方留几分薄面，千万不能像萧峰这样——

　　没有人对"南慕容、北乔峰"这句话表示过异议。作为当时中原青年才俊中最杰出代表，身处北方的天下第一大帮丐帮帮主乔峰，和在江南一带以"以彼之道还施彼身"闻名的姑苏慕容世家传人慕容复两人，交相辉映。

　　正所谓"中原英杰，首推此二人"。慕容复也从未对此表示过异议。但是萧峰却不这么想，少室山上，他将慕容复如老鹰捉小鸡一样提起，随手扔了出去，冷笑道："萧某大好男儿，竟和你这种人齐名！"言外之意，你也配？结果惹得无数武林群豪，尽皆哗然。

　　无论达到哪层境界，你都要明白，最重要的不是自己逞词锋之利，而是努力提升自己的层级，达到让对方认同，甚至去认同对方的程度。

　　如果你连续8年，多达14次大满贯首轮失利，你不可避免地会被人看低：黄种人天生身体条件不好、跑得慢、没天赋……你唯有像张帅一样，在年初澳网上，成为继李娜之后第二位杀入澳网八强的中国女单球员，才有资格憧憬站在小威廉姆斯等名将对面的那一刻，得到对方亲口说出的肯定和赞许。

想要实现对举，必须以突破自身的层级和高度阻碍为先。

打铁还需自身硬，对举亦然。

职场实用指南之比较感动（上）

不能不比，不如不必

一、无对比，不中国

台湾地区演唱组合 S.H.E 有一首《中国话》，唱道："平平仄仄平平仄，仄仄平平仄仄平；好聪明的中国人，好优美的中国话。"

平平仄仄，说的是中国话中的"对仗"。对仗，又称对偶、队仗、排偶。它把同类或对立概念的词语放在相对应的位置上使之出现相互映衬的状态，使语句更具韵味，增加其表现力。

对联，就是一种历史悠久的对仗形式。对联有很多种类，春联可算是最常用、最具生活气息的一种。还有一种以搞笑为主、类似于文字游戏的对联，上下联意思毫不相干，但每一个位置上的字词却都对仗工整，有人取唐朝刘禹锡诗句"东边日出西边雨，道是无晴却有晴"的诗意，把这种对联叫做"无情对"。例如：

上联：公门桃李争荣日（老师过生日，很多有出息的学生来祝寿）

下联：法国荷兰比利时（看，每一个字都对得恰到好处）

再如这个 N 年前在香港报纸上征联的优胜作品：

白日放歌须纵酒（杜甫的名句，征求无情对的下联）

黑灯跳舞好揩油（获奖作品，民间智慧，"狠低俗"）

现实生活中，大家讲白话文，讲各地风味的普通话，讲网络语言，似乎已经没有什么对仗的概念了。其实，作为一种思维模式，"对仗情结"可能已经植根于我们的观念深处，随处可见端倪。

以组织的管理实践为例。

在树目标、排计划、定政策方面，容易出现"上有政策，下有对策"的情形，这就把上级组织和下属机构割裂、对立了，难以围绕共同的价值观开展工作，不能形成团队合力。

在和他人共事时，在跨部门的团队协作方面，容易产生攀比、推卸、指责、对立等心理及行为，把组织区分成你和我、我和他，没有一个"我们"的整体概念。对仗成了对抗。有人说，中国人的乒乓球、羽毛球打得这么好，就是因为我们太适应这种"针锋相对，你来我往"的个体对抗。

在工作评价、人员使用方面，喜欢搞平衡、论资排辈、讲"没有功劳也有苦劳"。搞不了平衡，就搞对立。小时候看电影，里面的角色不是好人就是坏人，这样的认知模式延续到工作中，使得对他人的评价也容易走极端，非黑即白，非此即彼。

诸如此类的现象，在生活和工作中随处可见。

其实，作为传统文化的一种表现形式，对仗情结并不是问题；陷入情结而不知其弊、不可自拔才是问题。

很多时候，对仗是一种浪费。只要说一句话就好，何必再多加一句呢？工作出了问题，就是"我"的责任，不必再把"他"扯上。

《士兵突击》里，李梦说许三多脑子里少了一根筋，马班长就说李梦："我看是你多了一根不该多的筋。"

再进一步看，对仗过于讲求规则，往往会呈现为一种收敛的思维模式，因此思路容易被自我设限，容易掉入非此即彼的对抗式陷阱而不自知。

不是"我"的责任，就是"他"的责任，这是对仗思维；暂时撇开责任，先考虑缓解局势、解决问题的各种可能：如果我在这里往前一步，在那里往后一步；如果他在这里往后一步，在那里往前一步……这是发散的有冲击力的开放的思维模式。

海德格尔说："人的生活意义都是由语言的具有创造力的开放性所建立的。"

最关键的，对仗始终只是在一个平面里思考问题，对现状的认识、对未来的理解、对人对事的判断，都是一元而非多元视角，因此很难激发出突破性的、建设性的、富有立体感、富有弹性空间的意见和想法。

心似双丝网，中有千千结。破网而出，海阔天空。

二、树立一个几乎不能达到的目标

若干年前，曾经有一个很流行的段子，说几部电影的观后感：看了《色戒》，知道女人靠不住；看了《苹果》，知道男人靠不住；看了《投名状》，知道兄弟靠不住；看了《集结号》，才知道组织也靠不住！

人在职场，身不由己。你离不开组织，组织可以离开你。组织永远是站在你背后的那个人，组织靠不靠得住，是由他说了算。如果组织想让你靠，那就是坚强后盾；如果组织不想让你靠，你怎么靠也没人用，摔死也没人心疼。

明白了这一点，你就会理解，职业发展的唯一原则，就是"从来就没有救世主"，靠天靠地，要靠自己；求神求鬼，不如求己。

举凡人员选拔、目标设置、绩效评估、奖惩激励，组织都不能不比较、不能不区别。因为市场讲究的是竞争，客户讲究的是货比三家，有比较才有鉴别，组织必须拿着这样那样的尺子，按照一定之规来规划战略、计划方案、衡量成果。

所以说，人在职场，不能不比。但我们同时要切记，比较只是手段，发展才是目的，千万不要陷入"人比人，气死人"的误区，徒留"既生瑜，何生亮"的遗憾。

以发展的眼光来看比较之策，可以划分出三种档次。下策是为了比较而比较，不管不顾，不比不快；有条件要比，没有条件创造条件也要比。这种人好比"世间最爱打架的、江南一阵风风波恶"，一有架打，便心花怒放，明知不敌也要打上一打，一心打架，无关输赢。

中策是为了赢而比较，懂得扬长避短，能够知己知彼，好比田忌赛马，最终以己之长，攻人之短，赢下三打两胜的赛局。不过，《孙子兵法》的原话，说的是"知己知彼，百战不殆"——知己知彼，只是可保不输而已，要想百战百胜，那得等着别人犯错。也就是说，如果对手跟你旗鼓相当，势均力敌，大家都玩田忌赛马，你要取胜就很不容易，倒是"两虎相争，必有一伤"的可能性更大。

所以，比较之策的最高境界，其实是不比。夫唯不争，故天下莫能与之争。你可以无招胜有招，也可以开辟第二战场，更可以通过创新的方式来超越竞争者，不硬比、不蛮比、不傻比，是为无比。

回答职业发展的话题，阶段性地与人比较、与人竞争，固然难免。不过，你切莫忘记，人在旅途，真正要做到的是"别赶路，去感受路"。不忘初心，方得始终，让自己引领自己。

而能引领自己在职场一路向前的最佳方针，莫若设定"一个几乎不能达到的目标"，其中有比较，更多的则是超越。

前美国总统艾森豪威尔曾一语道破成功的真谛："只有当我们在生活中、战争中或者其他任何方面确定了唯一的高于一切的目标，并且使得所有其他的考虑服从于这一目标的时候，我们才能成功。"

说到战争，我们最后来做一道选择题：如果把职场比做战场，把工作比作战争，请问以下谁是你的敌人？

A. 上司

B. 下属

C. 公司内潜在的竞争对手

D. 不和我协作的人

E. 打我的小报告的人

F. 比我表现好的人

G. 看我不顺眼的人

H. 我看不顺眼的人

I. 以上皆是

J. 以上皆不是

按我的理解，当然要选"J. 以上皆不是"。那么，谁是我们的敌人？"人生最大的敌人是自己"，这也没错。不过这里我们不讨论自我修炼的励志课程，还有更具体的答案：如果工作如战争，我们的敌人就是——第一，工作标准！第二，更高的工作标准！第三，越来越高的工作标准！

屡挫强敌，不亦快哉！

第六章　比较感动（下）

　　王家卫有一次让他的演员翻译"I love you"，有的演员翻译成"我爱你"。王家卫说："怎么可以讲这样的话。应该是'我已经很久没有坐过摩托车了，也很久未试过这么接近一个人了，虽然我知道这条路不是很远。我知道不久我就会下车。可是，这一分钟，我觉得好暖'。"

——王家卫《堕落天使》

前言：
感人心者，莫先乎情

史书不吝篇幅地告诉你：飞将军李广能征善战，雄气无双。

"但使龙城飞将在，不教胡马度阴山。"这句流传甚广的古诗，赞颂的是他；"精诚所至，金石为开"，这个酒后把石头当作老虎，一箭射穿的传说，主角也是他。

终其一生，李广与匈奴交战七十余次，不但经常打胜仗，更屡屡打出以少赢多的经典胜仗，以至于匈奴人闻风丧胆，"避之数岁"，见到他比见到债主更心惊肉跳。

史书同样不吝篇幅地告诉你：民族英雄戚继光南征倭寇，还沿海太平；北御蒙古，保家国安定。

他打造了一支总兵力仅有四千人，由义乌的农民和矿工这些此前从未受过正规军事训练的人为主力的队伍，却取得了百战百胜的战绩以及高达十余万级的斩级记录，被誉为"16

至 17 世纪的东亚最强军队"。

两人均是中国古代不世出的名将，战功彪炳，麾下有一支铁军，但是两人毕生所获的荣誉，却有着云泥之别。

在连年用兵、军功易得的汉武帝时代，二十六人因战功而接连封侯，李广却连被提名的资格都没有。

戚继光从继承祖上的职位（登州卫指挥佥事）开始，一路扶摇，青云直上，最显赫的时候，接连被封为太子太保、少保。要知道在当时，只有皇帝最宠爱、最看重的臣子，才有资格获得这两项殊荣。

同样是名将，所获得的荣誉差距，咋就这么大呢？

许多事情，史书敲锣打鼓，以唯恐天下人不知的方式宣扬；但还有些事情，史书只在不被人注意的角落里，小声而隐秘地嘀咕几句。

很少有人知道，李广的性格有很大的缺陷。

他自负其能，因为自己箭法好而要求自己在十步之内非不中不射，常常由于这个原因离敌人太近而陷入危机。

他在守城时，曾经亲率三百士兵离开守军，只为了追匈奴的三个射雕者，缺乏大局观。

最要命的是，他对上级和同僚缺乏必要的尊重。随卫青出击匈奴时，他不止一次抱怨："卫青你作为大将军，简直没带脑子出征。让我走东路夹击，东路绕多远啊，而且又没什么水草，你这个决定让我很不爽啊。再说右将军赵食其那货又算是什么东西，打仗帮不上忙，逃跑比谁都快，非拖我的后腿不可。"

这些话，谁能保证不会传到卫青和赵食其的耳朵里去？诸如此类只图一时打嘴仗的爽快，事后给自己树了无数敌人的脑残事，李广做得可不少！

反观戚继光，能征善战自不必说。更难得的是，他屡战屡胜，给上级长脸的同时，却从不以此自傲。

白居易在《与元九书》里，毫无保留地写道："感人心者，莫先乎情。"也正是因为领悟了写诗的关窍——"情"是诗歌的根本条件，所以他才能够高居诗坛之上，成为众人景仰的大神。

写诗如此，日常生活也是如此。人非草木，岂能无情？但偏偏有些人对"情"的重要性视而不见。他们表达想法时，往往直率而不加考虑；付诸言语时，往往直接而不顾分寸。

你可以认为他们有一颗初生婴儿般的赤子之心，但这同时也意味着幼稚、不成熟、精神上还没断奶。所以与这样的人打交道，常常会给人费心力，甚至自我找虐的感觉。若是遇到下面这类极品，一个不小心，甚至有可能搭上性命。

比如海瑞，怒斥自己的女儿"女子岂容漫受僮饵，非吾女也"（女子哪能随便接受男仆的糕饼？你不配做我的女儿！）。吓得年仅五岁的女儿不敢吃喝，最终活活饿死。

再比如李逵，人家不借他钱，他就叫嚣"打得他家粉碎"。若是放在现在，这种恐吓可是板上钉钉的"寻衅滋事罪"。

本章节，我们讲"感、动"。和海瑞骂死人、李逵吓唬人的直接粗暴截然相反，我们所说的"感、动"，都是奔着"情"

而去，奔着人心里最柔软、最容易被打动的地方而去。

"感、动"这两件绝世法宝，不是我们砍伐杀戮的暴力武器，而是引发他人情感共鸣的春风化雨。想要用这两招，迅速、快捷地叩开对方心扉，不妨多学学古代语言学大师刘备。

长坂坡一役，幸得赵云英勇，怀抱阿斗，身突重围。但是刘备接过阿斗，却掷之于地，怒喝道："为汝这孺子，几损我一员大将！"

只这一句话，便反映出刘备对赵云的看重，尤在对自己的亲生骨肉之上。对此，七度冲杀，眉头也不眨一下的赵云，感觉遇到了明主，不由得边哭边拜，大声道："云虽肝脑涂地，不能报也！"

三顾茅庐时，面对孔明，刘备先表决心——"大丈夫抱经世奇才，岂可空老于林泉之下"，再拍马屁——"先生之言，顿开茅塞，使备如拨云雾而睹青天"，最后以"先生不出，如苍生何"倒逼，这一套既有"感"又有"动"的动作组合拳下来，孔明只剩下一条路可以走："将军既不相弃，愿效犬马之劳。"

你瞧，旷世的名将、无双的军师，就这样被击中了情感的软肋，不约而同地决定给刘备做小弟了。

第一讲：
感情滋润——现在、以前、将来都是我的朋友

> ——"感情滋润"不是站在对方的对立面，手指着对方鼻子尖，慷慨激昂，指手画脚，而是与对方紧紧依偎，搂着对方肩膀说些体己的话。字里行间，让对方充分感受到你批评他，也是为他着想；你激励他，也是为他考虑。这样才能解除对方的心防，把你想要表达的内容，刻在对方心上。

娱乐圈里的是是非非，恩恩怨怨，多少年也说不完。有人朝朝暮暮秀恩爱，也有人生生世世不相往来；有人互相引为生死至交，也有人一言不合引发骂战。这一次，多少让人有些出乎意料的，是香港娱乐业的老大，向华强的老婆陈岚，与周星驰站在了对立面。

　　双方也曾经有过蜜月期。20世纪八九十年代，一方投资，一方拍，有无数经典电影，都产生于那个时代。或许当时谁也没想到，会有今天的交恶。

　　事情的起因多少有些"无厘头"，竟是源于一篇名为《为什么那么多人黑周星驰》的网络长文。这篇近五万字的文章，早出现在网络上，全文似贬实褒，看似要历数周星驰的种种"恶行"，但却是在暗捧周星驰，甚至把曾经讲过周星驰坏话的人——李修贤、吴孟达、洪金宝等人全部"踩"了一遍。

　　其中还包括一则"猛料"，直指向华强是香港娱乐业的幕后老大，且是香港黑社会组织新义安的掌门人，而这，也是陈岚发飙的直接原因。

　　面对媒体，向太撂下狠话："限周星驰十日内，亲自向媒体解释清楚。"紧接着，周星驰的助理对向太做出回应，但并没能平息向太的怒火，向太直言："助理说话可以不算数的。"

　　事态非但没有平息，反而愈演愈烈。导演杜琪峰隔空声援向太，直言："周星驰先生虽然很有才华，但我不欣赏他这个人。"王晶、尔冬升等人也持续炮轰周星驰。

　　另一边，张雨绮、林子聪等人则公开力挺周星驰，莫文蔚出席活动时，为前男友讲好话："他很会照顾人，很会照顾演员，并且不管外界如何评价，我都不会理会，会一直支持周星驰。"这也隐隐为周星驰扳回一城。

　　一部分推波助澜、唯恐天下不乱的媒体，在此时不但没有厘清是非，反而起了煽风点火的反作用，甚至炮制出"三大影帝齐发声跟周星驰不熟，纷纷表态力挺向太"这样的新闻。

但是有心人仔细研读后，发现除了任达华旗帜鲜明地支持向太"朋友多的朋友就是一个好人，所以向太太其实是非常好的好人"之外，另外两名影帝的话说得非常模糊，并没有站队，更谈不上力挺之说。

刘青云："他（周星驰）平常也不太说话……我也不太说话……我们私底下也没有什么联络。"

张家辉："我不太了解……没有机会沟通状况下，都没有太了解大家。"

其实此时，媒体更希望听到一个人的声音。论声望、人品，这个人都是业界当之无愧的楷模，而且他与向华强私交甚笃，又与周星驰合作拍摄过《赌侠一》《整蛊专家》两部大卖电影，他的回答，决定着这场骂战的风向。

这个人，毫无疑问是刘德华。

在这风口浪尖上，刘德华没有回避，而是大大方方地回应媒体——

（向太曾说你亲口说和周星驰不是朋友？）"首先我没有亲口说他不是我朋友，我只是说向先生在现在、以前、将来都是我的朋友，也是我的好老板，可能向太太误会了。"

（有传闻说你和周星驰因片酬问题而闹不和？）"片酬问题是外面的传言，我们真的曾经有机会合作，但因为谈条件方面，最后双方礼貌地拒绝了，因片酬闹不和只是外面的传言，没有这件事。"

（将来是否跟周星驰再合作？）"如果将来有机会，也希望再合作。我和周星驰的关系，就跟电影里的合作伙伴一样，真的没有很多时间跟他沟通，我只可以说现在、以前、未来我都是他影迷。"

（近日很多人抨击他，你怎么看这件事？）"我觉得心中每人都有一把尺，你自己量吧。"

有些人，把语言当武器，恨不得把每个字的一笔一画拆开来，都能当做标枪，在旁人身上戳个窟窿。

有些人，用语言来化解矛盾。哪怕你心中波浪滔天，他也总能找到一种温和的办法，排泄掉你蓄积的多余洪水，使其回到正常水位。

刘德华的做法，无疑属于后者。在媒体采访他的时候，向太与周星驰背后，早已经有无数人站队。向太这边，明星支持较多；周星驰那边，草根粉丝较多。群情汹涌之下，暂时打个平手。

可这一时的风平浪静，却也是最危险的状态，以刘德华的媒体影响力及粉丝号召力，无论他明确表示支持哪一方，另一方都极难抵挡。可以说刘德华的一人倾向，便可以决定这场骂战的胜利归属于哪一方。

大家都在等着刘德华表态，他也的确如大家所愿表态了。但他的表态，非但没有在势头正旺的骂战之上加一把柴，反而让阵营双方都抛开不理智的情绪，并最终引导这场骂战大事化小，最终悄无声息地收场。

这等功力，也只有大智慧的人才做得到。

为什么他的话，双方都听得进去？因为他一开口，就否认了不实之词——"我没有亲口说他（周星驰）不是我朋友"，这就避免了矛盾激化。紧接着，他又让双方都感觉到自己的诚意，让对方当他是自己人。

对向华强，刘德华坦言"向先生在现在、以前、将来都是我的朋友，也是我的好老板"。都已经声明是"永远的朋友和好老板"了，除了夫妻，还能有比这更进一步的关系吗？这样一来，就算他对向太的某些话予以否定，看在他这么给自己老公面子上，向太也无话可说。

对周星驰，刘德华的话说得更加艺术，"现在、以前、未来我都是他影迷"。意思很明显，虽然我和你不是朋友，但在职业上，希望和你合作，是对你的敬重；而作为你的影迷，是对你的欣赏。能够被刘德华如此高看，周星驰虽然未对此事表态，心里也一定是温暖的吧。

这就是刘德华的过人之处。在大家都等着他引爆这场骂战的时候，他却如同一个高明的说客，轻描淡写间，将势如水火的双方矛盾逐渐化为虚无。

他同时用了"朋友"和"影迷"的两个圈子，分别拉近了两方的代表人物之间的距离。在这两个圈子里，对方都是自己人——既然是自己人，又有什么话不能坐下来好好谈呢？

这就是"感情滋润"语言效果的体现——不是站在对方

的对立面,手指着对方鼻子尖,慷慨激昂,指手画脚,而是与对方紧紧依偎,搂着对方肩膀说些体己的话。字里行间,让对方充分感受到你批评他,也是为他着想;你激励他,也是为他考虑。这样才能解除对方的心防,把你想要表达的内容,刻在对方心上。

其实这很容易理解。想想你在进入领导办公室之后,领导哪一种做法会让你更心生温暖并容易坦露心声——是隔着办公桌相坐(有时你还未必敢坐),领导遥遥望着你,问你"对近来的工作感觉如何"的时候还是领导拉着你坐到一旁的沙发上,拍着你的肩膀,表示"随便聊聊近期工作感受"的时候?

第二次直奉战争之后,奉军将领郭松龄发动的倒戈事件,反对上级"东北王"张作霖,并率所部七万余人先后占领山海关和锦州,引发奉军全线震动,也引来全国关注。

但倒戈不久,即遭失败。郭松龄夫妇的尸体被运回沈阳,曝晒三日后,始准家人收殓。按照张作霖的脾气,凡是参与倒戈的人,都难逃一死,谁劝都没用。

眼看无数鲜活生命即将化为枯魂,最终还是与张作霖一起出道打天下的老兄弟张作相说服了他。他劝张作霖道:"不能这么办,他们都是家乡子弟,冤冤相报,将来那还得了!"

"都是家乡子弟"这句话,把张作霖眼中的叛军,瞬间归拢到"咱们土生土长的自己人"范围内,引得杀人如麻的张作霖最终一声喟叹,难得心慈手软,放过了这些人。善有善报，这些人归回原职之后，更加效忠卖命，反而延长了奉军的政治生命。

"感情滋润"的要诀只有一个，就是无论何时都让对方感觉你和他在同一个阵营当中。

在这方面，东北话有先天的优势，许多人都曾亲身体会过，无论你年纪大小，东北人都会亲热地道你一声"哥"，瞬间把你划到了亲密无间的家庭圈子里。如果提到令尊和令堂，那更是毫无疑问的"咱爸"和"咱妈"。

作为对比，作家、记者李海鹏曾举过一个有趣的例子——

"我有个老师，在好大学上学，在破大学教书，他在两者之间做过比较。他说，北大迎接新生，校长就说，同学们，欢迎你们来到北大，提醒你们，抓紧时间努力学习，因为你们是国家的栋梁！

"在破大学呢，校长就说，同学们，欢迎来到学校，提醒你们，要服从管理，别以为考上大学就是天之骄子了，天之骄子是你们这个德性吗？人家北大的学生才是呢。"

为什么好大学的校长说的话听起来很舒服、很热血，让人忍不住握紧双拳，恨不得今晚就睡在图书馆里；而坏大学的校长说的话就像根刺，牢牢卡在耳朵里，不但拔不出来，还痛得要命？

因为坏大学的校长，根本不会用感情来滋润你，就和某些差劲的父母一样，明明出于关心你的目的，却非要用站在你的对立面，以指责的态度，把话说得火气十足。也正是如此，许多小鹿一样性情温顺的孩子，被家长生生逼出了逆反心理——你教育我，根本不是为了我好，只是打着教育的幌子，拿我当出气筒而已。

最后，让我们用一个段子，结束这一讲。

有人在网上发帖：我今天算是明白，为什么我一直单身，而表姐始终有人追了。元宵节放烟花很吵，一个男同学给我打电话，说听不到我说什么。我大吼一句："你聋了啊！"同样的情况发生在我表姐身上，她说："是不是我骂你你也听不到呀，大坏蛋大坏蛋大坏蛋……"

注意哦，这可不只是会不会撒娇这么简单。后一种说法所体现的亲昵态度，会让男生产生"她没有把我当外人"的感觉。在此感情滋润下，自然而然产生亲近甚至表白的念头，一点也不奇怪。

第二讲：
动作催化——桃花依旧笑春风

> ——"动作催化"相当于用一个有魔力的动词作锤，在人的心口处敲下一击。下手即使再轻，也可以引发人的情绪波动。人心因人而异，动词也自然因人而异，但一旦你找到了那个合适的动词，想要操纵人心，并不比控制一个电池驱动的机器人困难。

唐代的孟棨在其《本事诗·情感》中，记载了这样一个故事：

话说有一个名叫崔护的青年，容貌英俊，文才过人，和当时的无数读书人一样，想要通过科举求一个功名。

他来到都城长安，参加进士考试，他满怀希望，结果却名落孙山。本想要归家，但是山长水远，交通不便，又担心一幅落魄的模样回去，遭人耻笑。于是他决定在京城附近住下，耐心读书，等待下一次的考试。

清明时节，他放下书本，独自去都城南门外散心。归来途中，路过一户庄园，房舍占地一亩（约 666.67 平方米）左右，园内花草丛生，极为安静。崔护走上前去，大胆叩门，过了一会儿，门缝里有人向外瞧了瞧，一个少女的声音传来："是谁呀？"

崔护告知对方自己的姓名，说："我出城踏青，走得太久，喉咙干渴。看见这里有人家，特地来求点水喝，别无他意。"

少女见崔护不像是坏人，于是把门打开，请崔护进去坐下，并为他亲手端上一杯水。院子里有一株桃树，桃花开得正浓正艳，崔护喝水的时候，少女就靠在桃树旁，静静地望着崔护。她长相极美，神色间带着妩媚，她不说话，眼睛里却有隐隐的烟波在流动。

尽管将一杯水全部喝光了，但是望着少女，崔护却更加口干舌燥。他不知道该说些什么，少女也不说话，两个人互相默默注视了许久，眼看天色不早，崔护决定起身告辞。少女默默送客，走到门边的时候，少女抬起头，貌似有话要说，但是嘴唇翕动，最终还是没有开口。

门缓缓关上，隔绝了两人的视线。崔护站在门外，听不见门内的声音，他呆呆地站了许久，才一步三回头地离去。

此后一年，崔护为邀一个功名，埋头苦读，几乎与世隔绝。等到清明再度来临的时候，他才恍然想起，在都城南门外，他曾遇见一个姑娘。

思念之情犹如钱塘大潮，迅速在他心底蔓延开来。崔护按捺不住，推开书本直奔南门。等到他气喘吁吁跑到庄园外的时候，发现一切都没有变化，只是门上加了一把铁锁。忆起往昔，崔护不免唏嘘，恰好随身携带纸笔，情之所至之下，他便在门上题了一首诗：

去年今日此门中，
人面桃花相映红。
人面不知何处去，
桃花依旧笑春风。

又过了几天，崔护重新来到城南，这一次庄园的门没有锁，里面传来哭声。崔护感到紧张，叩门相询，一位老者闻声走了出来，上下打量崔护一番后，忽然哭诉道："就是你。你杀了我的女儿！"

崔护手足无措，不知如何是好。老者此时恢复了些镇定，声音沙哑地说道："我唯一的女儿，知书达理，待字闺中。从去年清明开始，我发现她忽然变得不太对劲，经常神思恍惚，说着话的时候就会走神。这样的状况一直持续到现在，前几天，我带她出门散心，回家后发现门上有一首诗，读完这首诗，她就病倒了。"

老者顿了顿，继续说道："她不吃不喝，没过几天就瘦了一圈，气息奄奄之际，她才告诉了我遇见一个读书人的事。

就是从她口中，我才知道你的相貌，但我也不知道到哪里去找你。现在你虽然来了，但是来晚了，她已经死了。要不是你写了那首诗，她就不会病。要是没有病，就不会死。你说，这不都是你害的吗？"

说完，老人抓着崔护的衣袖大哭，崔护也十分悲伤。少女新死，还停在家里，没有下葬，崔护望着少女的尸体，泪流满面。或许他的深情感动了上天，少女忽然咳嗽起来，慢慢睁开了双眼，恢复了精神。老人大为惊喜，也感受到两人之间的爱意，于是痛快地将女儿许配给崔护。

后来，从这个故事以及崔护的题诗中，还衍生出一个典故——"人面桃花"。它不仅用来形容女子的美丽，也用来形容男子对女子的相思之情。

崔护的这首诗，没有用文学技巧修饰，遣词用字也是简简单单，却依然成为脍炙人口的佳作。尤其是后两句"人面不知何处去，桃花依旧笑春风"更是广为流传。

尤其诗中一个"笑"字，堪称点睛之笔。这个动词不仅体现出春风十里中，桃花旺盛生长，所呈现的灼灼茂盛之姿，更是暗喻人虽有情，见证了这对有情人相识、牵挂、憔悴的桃花，却依然在没心没肺地盛开。桃花依旧含笑，倩影却已杳然。

有名家点评道："一个'笑'字，意境皆出。"

后世诗人对这首诗、这个字也是推崇备至，还有人将其与宋祁《玉楼春·春景》中的名句"红杏枝头春意闹"相提并论，说这一"笑"一"闹",不仅是画面上的点睛之笔,更是作者心中绽开的感情花朵。在恰如其分地形容了桃花、红杏众多与纷繁的同时,难得的是,点染了生机勃勃的大好春光。

一个恰到好处的动词,可能是一条"芝麻开门"的咒语。不只是山谷里埋藏宝藏的石门,哪怕是紧闭的心门,也可以被它轻松打开。

日本杂物管理咨询师山下英子在其畅销书《断舍离》中强调:选择物品的窍门,不是"能不能用",而是"我要不要用"。

把"能"字用"要"字来代替,并不是耍聪明的文字游戏,它真的改变了许多人的内心和生活。

有位叫胜美的女士,在十年前丈夫去世后,就陷入到行尸走肉的麻木状态当中。因为始终无法接受丈夫离世这一事实,以致她的生活一团糟。丈夫的遗物,至今还在家里的各处堆积着,因为舍不得扔,所以到处都是一片狼藉。

当她终于决定以"要不要用"来代替"能不能用"后,她发现丈夫的许多东西,都可以扔掉了。虽然还可以使用,但是她根本不需要用。在物品的不断清理中,她心里的断砖残垣也逐渐清理干净。

当她用了三天时间把家里堆积的物品收拾得整整齐齐后,心中装满了成就感。而且在这一过程中,她还意外在厨房里发现了亡夫的假牙。

若是之前的她,此时睹物思人,早已经悲伤地哭起来,但是现在,她反而笑得很开心,她想:"(没了假牙)想必他在那个世界吃饭吃得很辛苦吧！"

她终于能够微笑着来接受丈夫已经过世的事实了。

写出《天黑黑》《值得》等诸多好歌词的新加坡作词人廖莹如曾经出过一次车祸，伤愈后回到公司，董事长吴楚楚在欢迎会上拍着她的肩膀对她说："希望你继续帮我忙。"

这件小事，廖莹如始终记得。因为她觉得吴楚楚没有简单地说"欢迎你回来"，而是"希望你继续帮我忙"。"帮"这个字，让廖莹如强烈感受到自己在公司中所具有的价值，更因为这价值被老板亲口肯定而倍加感动。

文字是有魔力的。所以黄帝时期，仓颉发明文字的时候，才会"天雨粟、鬼夜哭"。因为老天觉得，人类掌握了文字，从此以后，"造化不能藏其密"。

动词是有魔力的。"动作催化"相当于用一个有魔力的动词作锤，在人的心口处敲击一下。哪怕下手很轻，也可以引发人的情绪波动。人心因人而异，动词也自然因人而异，但一旦你找到了那个合适的动词，想要操纵人心，并不比控制一个电池驱动的机器人要难。

过年前，一名东北女孩在北京广安门医院怒斥票贩子的视频，在网络上流传开来。女孩说着说着掉下眼泪："这大北京，如果我今天回家死道上了……这是北京，首都啊。"

女孩的境遇引发了无数有过类似经历的人的同情，也激发了更多富有同情心的人的共鸣。声讨的浪潮，从祖国的四面八方向着这家医院汇聚，在各界压力下，该医院虽然对于与票贩子串通一事予以否认，但挂号的问题确实解决了。

你可以说网络赋予了更多的人话语权，草根也可以通过此途径发挥影响力。但若女孩采取另外一番表达方式，未必就能达到同样的效果。尤其是女孩含泪说出的那个"死"字，许多网友反映：听在耳里，痛在心里，令人绝望到难以呼吸。

同样道理，假设有两名讲师为你授课，两人水准相当，但是授课结束后，一个总是问"你听懂没有"，另一个则说"我讲明白没"，你会对哪个讲师印象更佳？

毫无疑问是后者。因为"听"是你要采取的动作，而"讲"是对方采取的动作。前一个讲师的潜台词是"我已经讲了，听没听懂是你的问题"，后一个则是"我讲明白了吗，我是不是还有哪里做得不够好，你是否满意呢"。相比之下，谁不喜欢后者的贴心与谦和呢？

如果你已经领略到动词的魔力，那么请从现在开始，改造你语言里的动词吧。这说难也难，毕竟你的表达方式与你的思维方式、世界观及人生观紧密联系，想要彻底改变，并非一朝一夕的事情。

但是说简单也简单。比如在你下次和朋友聚会时，听见有人发表了荒诞不经的言论，你与其像往常一样，直言"你胡说"，不妨试试"你乱讲"这三个字。

你自己感受一下，后一种表达方式，是不是针对性没有那么强，且在不使对方显得尴尬与抵触的同时，还把你自己衬托得"萌萌哒"。

第三讲：

感之以行——你今天还活着，日子就得这么过！

> ——正确的行为，本身就具有无可辩驳的说服力。你的语言再苍白无力，有如银样镴枪头，"感之以行"也可以在你的枪头上镀一层真正的青铜，从而在你将武器使出去时，它的锋利可以确保你刺穿对方用作防御的铠甲，长驱直入，抵进对方的心脏。

大热黑马电影《失恋33天》的编剧鲍鲸鲸，在其新作《我的盖世英熊》中，有这样一个有趣的片段：

我（故事主角张光正）告诉孙大妈：我认命了，放弃和郑有恩在一起，因为感觉自己配不上她时，孙大妈以手中的韭菜做武器，劈头盖脸打向我，并用发生在自己身上的故事，给了我狠狠一顿教训。

（以下为原文）

"我孙彩霞，活这一辈子，就是折腾过来的。刚出生就赶上'文革'，没学上，大字不识一个。但我人勤快，八岁就能给全家做饭，弟弟妹妹全归我管。外面乱成一锅粥，回我们家桌上永远有菜有饭。

"工作以后，争当三八红旗手，码货清货有比赛，我大冬天的在仓库里一宿一宿地练，手上长了冻疮，戴上手套接着干，血冻在手套里头，摘都摘不下来。认识你杨大爷以后想结婚，他们家是清高人家，嫌我没文化，我从小学语文一年级，背到唐诗宋词三百首，就是不想让你大爷为难。

"结了婚以后，我们单位的领导爱给已婚妇女穿小鞋，把我逼急了，我带着一群姐们儿抄起板砖，把丫车砸了。后来生了小孩儿，闺女八岁得了肝炎，治不好以后且得受罪呢。北京医院跑遍了，人家说上海有个老大夫能治，一个月三次我带着她去上海。买两张硬座票，全让她躺着睡，我平躺在硬座下的地板上。

"有一次睡醒到站，不知道哪个王八蛋把孩子的鞋给偷了，我就背着我闺女一路出了火车站，早上七八点，没商场开门，我就背着她在医院门口等着，身上一点儿劲都没有了，我闺女趴我耳边儿说：'妈，以后我一定对你好。'八岁的孩子，她懂什么啊，可我当时真是想嗷嗷地哭。

"俩孩子我都给养大了，身上一点儿毛病没有。上高中时为了让他们有好学校,我砸锅卖铁换房子,搬到了咱们小区。儿子长大了处对象,女方嫌我们家穷,要聘礼要婚房,我工作辞了,承包了个小卖部,为了省几块钱的差价,天不亮就往新发地跑。'非典'的时候扎药店里抢板蓝根,全小区的板蓝根都向我买的。

"我姑娘小子都风风光光地嫁了、娶了。我俩也退了休,开始带孙子。儿媳妇说不能老给我们看,要送双语幼儿园,我五十多岁的人,开始学迪士尼英语,就为了让小孙子能多在我们俩身边留一阵儿。你说我这一辈子,有过踏实日子么?我要是不折腾,委委屈屈地活着,吃饭怕噎,走路怕跌,我能活到今天么?"

我被孙大妈这一长串人生履历给吓着了,蜷缩在沙发上发抖。这一刻,孙大妈又重新变回了当初那个在小花园里欺负我的女侠。

"所以我觉得,您晚年应该享福,这才值得啊!"

"什么叫值得?你跟老天爷讲道理,人家凭什么搭理你啊?老话说得好,四条腿趴着的,是畜生;两条腿走路的才是人。你有胳膊有腿地站着,你得往前走啊。路宽路窄那是命,但你死赖着不挪窝,爹妈把你生下来,图什么?不就是让你开眼界么?

"你一路闯过来,福祸都担过,再回头看,好坏都值得。你杨大爷这个病,三年前就诊断出来了,大夫说也可以直接住院,省得我跟着劳心费神,我不干。我们好好地有个家呢,一辈子的福是享,一天的福也不能落下。我趁着他还明白,再好好伺候伺候他，趁着我还没病，我抓紧时间锻炼。

所以我天天下楼跳舞，不光跳，我还得跟你柳大妈争个输赢。哪怕我明儿个就得陪你大爷搬到临终关怀养老院了，我今儿还活着呢，活着我就跳，我该干嘛干嘛。能包饺子，就不下挂面。人活着没退路，死都不是退路，死是哪儿说哪儿了完蛋操。但你今天还活着，日子就得这么过！能听进去么！"

我愣愣地看着孙大妈，脑仁里像被针扎了一下，清醒了。

北漂青年张光正，在某酒店做了四年门童，直到偶遇空姐郑有恩并怦然心动后，终于有了人生的目标。

但是人生不是网络 YY 小说，想要逆袭实在困难重重。虽然凭借自己的热情、善良以及遇事不怕事的爷们气概，将郑有恩捧在了掌心里。但是万里革命长征，只成功了眼前的一小步。短暂的喜悦过后，更多现实的问题——社会地位、未来发展、收入状况、家庭背景等，一点一滴，压弯了张光正挺拔的脊梁。

终于想要放弃了，这话，不敢和郑有恩当面讲，但实在憋得慌，所以索性和非亲非故的孙大妈交了心。虽说两人因为广场舞有过恩怨，但毕竟是过去的事情。但张光正没想到的是，自己居然挨了孙大妈劈头盖脸一顿打。但这顿打实在是值得，因为伴随着打的同时，孙大妈的话语，让张光正真正清醒了。

并不是因为孙大妈讲了什么宇宙级的大道理，道理谁都会讲，但这东西向来是出口容易，入耳困难。

与之相反，孙大妈一句大道理都没有讲，以她的文化水平也做不到。她只是絮絮叨叨，把自己一辈子鸡毛蒜皮的事情，走马灯似的捋了一遍，但孙大妈自己也没想到，她的话落在张光正耳里，却恰恰起到了振聋发聩的效果。

在真性情的自然而然流露下，孙大妈的话，完美体现了"感之以行"所具有的语言效果。

正确的行为，本身就具有无可辩驳的说服力，你要做的就是把它体现在你的语言当中。你的语言再苍白无力，有如银样镴枪头，行为也可以在你的枪头上镀一层真正的青铜，从而在你将武器使出去时，它的锋利可以确保你刺穿对方用作防御的铠甲，长驱直入，抵进对方的心脏。

足球教练穆里尼奥第一次执教切尔西时，尽管已经拥有欧洲冠军联赛冠军的荣耀，但此时的他还是第一次执教豪门。但来到球队的第一天，他便告诉球员："站在你们面前的，是最伟大的教练。"

有些成名已久，甚至享有世界级声誉的球员暗自发笑，并没有把他放在眼里，但当穆里尼奥打开笔记本电脑，如数家珍地说出自己对每一名一线球员的掌握情况——从技术风格、进球数、身高体重甚至详细到哪些是左脚打进的、哪些是右脚打进的之后，所有的球员都震惊了。

从来没有人像穆里尼奥一样，将对球员的研究细致到这等程度！球员们忍不住用敬畏的眼神，重新打量穆里尼奥，这个宣称自己是"特殊的一个"的狂妄家伙。但狂妄归狂妄，从这一天起，穆里尼奥便彻底掌控了更衣室。

当时的球员们，即使用最狂野的想象力，也没有想到穆里尼奥会用这种近乎完美的细节准备，为他们带来一次又一次的胜利，并连续两年率领这支蓝军夺得英超联赛的冠军。他们只是单纯地佩服穆里尼奥，当他细致入微地进行分析与战术设定时，所有球员都已经被他征服。

想要做到"感之以行"，除了在语言中体现行动外，还要注意两点：其一，行动越具体越好；其二，行动要具有实在的意义。

想要靠行动来打动对方的你，就像是站在高塔下方的骑士，而对方，是住在高塔里的公主。高塔没有门也没有阶梯，只有塔顶一扇小小的窗户，想要吻到公主散发着玫瑰芳香的嘴唇，你必须凭自己的本事上去。

不管你像蜘蛛人一样，攀爬墙壁到高塔顶端，还是采用滑翔的方式，从比高塔更高的地方往下跳，你都要付出行动，而行动越具体，你的成功率就越高。同时，你还必须保证你的行动有意义，坐在高塔下方钓一整天的鱼也是行动，却对你的成功起不到任何积极作用。

平江人李元度是个书生气很浓的人，纸上谈兵可以，实际作战不行。曾国藩给了他好几次领兵作战的机会，但李元度很神奇地全部搞砸，打一次仗便败一次，俨然是给敌人白白送钱粮、战功的亲善大使。曾国藩忍无可忍之下，决定写奏折弹劾他。

奏折上有"屡战屡败"四个字，这话已经说得很重了，若是按照曾国藩的意思上奏，李元度就算能保住脑袋，也保不住脑袋上的花翎。就在这时候，有人为李元度求情，并灵机一动，把奏折上的"屡战屡败"改为"屡败屡战"。

"屡败屡战"虽然只有四个字，但是不仅具体（多次打仗失败还继续坚持作战），而且有意义（失败也不灰心，不气馁，不达目标决不罢休）。这样一改，意思便大为不同。最后，李元度不仅被免罪，后来更是坐到了贵州布政使（相当于现在的财政厅厅长）的高位。

最后，建议你多去听听周杰伦的中国风歌曲，保证会对你加深对本讲的理解大有帮助——

无论是《夜曲》里"我为你隐姓埋名，在月光下弹琴"还是《兰亭序》里"人雁南飞，转身一瞥你噙泪"，都饱含着浓浓的深情，将富有意义而又具体的行动，诗意般呈现。所以也难怪许多人将同一首歌循环播放了无数遍，依然被引得或神思向往，或黯然神伤。

第四讲：
动之以情——一旦山陵崩，长安君何以自托于赵？

> ——"动之以情"从不与对方硬碰硬，而是顺着对方的心理，因势利导，从对方的根本需求出发，建立在为对方服务的基础之上。就像是进入对方身体的一针疫苗，当对方的免疫系统发现疫苗有益无害后，自然会高兴接受，并大开绿灯，一路放行。

《战国策·赵策》记载：赵太后掌权时，秦国欺负赵国政局不稳，大举攻赵，连下三城。形势危急之时，赵国向齐国求援。齐国一口答应，但提出一个条件：要用赵太后最宠爱的小儿子长安君做人质，方可出兵。

赵太后不肯答应，眼见前方战事吃紧，群臣心急如焚，纷纷劝谏赵太后为大局着想，将长安君送往齐国。你一言我一语，结果惹恼了赵太后，她气哼哼地说道："这件事以后谁也不许再提！谁提，我就往他脸上吐口水。"

群臣们谁也不想用口水洗脸，于是纷纷傻了眼。偏偏在这节骨眼上，还有人胆子大，想要面见赵太后。

来的人是老臣触龙，赵太后心里明镜一般，知道触龙也是为了将长安君作为人质的事而来。但是触龙来到赵太后面前，不提正事，先谢罪道："我的脚有毛病，不能快走，所以好长时间没有来拜见您了。您贵体无恙吧，平时饮食如何呢？"

两人聊了阵家常，眼见赵太后紧绷的脸色渐渐和缓下来，触龙话锋一转，说道："您知道，我家有个不成器的小儿子，但却是我最疼爱的。可我现在越来越老了，不能一直照顾他。所以我冒昧请求太后您，给他一个保卫王宫的卫士名额。"

赵太后说："小事一桩。他多大了？"

触龙回答："今年十五岁了，但还是个不懂事的孩子。所以我想趁着我还没死，把他托付给您。"

赵太后很惊奇地问道："男人也这么疼爱孩子吗？"

触龙回答："我们男人，比女人还疼孩子呢。"

赵太后不以为然，笑着说道："怎么可能，当然是女人更疼爱孩子。"

听赵太后这么说，触龙忽然话锋一转，道："虽然疼孩子，但是我认为您对您女儿燕后的喜爱，胜过对儿子长安君的喜爱。因为父母爱自己的子女，就要站在他们的立场上，替他们考虑长远。燕后出嫁时，您握着她的脚后跟不肯放，眼泪都哭干了。但您再想见到她，却总是在祭祀时祈祷，一定不要让她回来啊！"

赵太后轻轻叹息。在当时，诸侯的女儿嫁到别国，只有在被废或亡国的情况下，才能返回本国。所以赵太后即使思念女儿成疾，也不想见到女儿的面。因为不见面，至少说明女儿在燕国，依然生活得顺顺利利。

触龙抓住赵太后神色的改变，又说道："从现在算起往上推三代，一直到赵氏建立赵国的时候，赵王的子孙凡是被封侯的，有没有继承人还在侯位上的？一个都没有。因为他们虽然地位高贵，家资千万，但都是从祖上继承来的，自身功薄德浅，根基不牢，一旦被人攻击，很难站得住脚。"

触龙又说："现在您给了长安君高贵的地位、肥沃的土地，还有许多稀世珍宝，却偏偏没有给他为国立功的机会。一旦您过世了，谁还能向您这样宠爱长安君，他又凭什么立于众人之上呢？所以老臣斗胆认为，您对长安君的爱，不如对燕后啊。"

赵太后说："您说得太对了，是我考虑不周。我明白你的意思，就按照你的想法办吧。"

随即，赵太后为长安君备车，将其送往齐国。齐国也兑现诺言出兵，与秦国交战，解除了赵国的危难。

赵太后虽执掌一国之权柄，但在子女面前的她，不过是个普通的母亲。以其爱子之心，联想到前往齐国的儿子，因为背负着"人质"的身份，必然会受到齐国人的轻慢和羞辱，她心中的滋味自然不会好受。

所以，赵太后固执地拒绝齐国的人质要求。她明知于国于己，这都不是明智的决定，所以她才摆出了无赖的架势：谁劝我，我吐谁。

此时的赵太后，已经陷入了蛮牛般的无理状态，且在心里围了无数层屏障，风吹不进，水泼不进。如果触龙见到她，就晓之大义的话，可能用不了几分钟，宫廷里的人都会目睹这位老臣一脸湿漉漉、狼狈离开的样子。

但姜还是老的辣，触龙并没有这样做。

仗着两人熟络多年，触龙很自然地拉起了家常——最近胃口好不好，要注意清淡饮食；是否保持有规律的运动，今天步数刷够了没……这使得太后苦心建立起来的心理防线和敌对情绪，完全找不到作战对象，自行趋于瓦解。

紧接着，触龙不提长安君，而是提起了自己的小儿子——我这个小儿子不成器，我也不指望他有多大出息。但我就是对他不放心，趁着我还没死，把他托付给你才行啊！这一将心比心，太后发现原来这个老男人和自己一样，把孩子尤其是最小的孩子当做掌心宝贝。这么多年，怎么没发现你就是我最大的知己啊！

直到此时，见赵太后解除了心防，触龙才收回绕了极大一圈的弯子，但还是没有直接进入正题，而是巧妙地用了激将法：你说你疼长安君，未必！我看你明明更疼燕后嘛。

对此，赵太后的本能反应，也在触龙预料当中，接着他又以讨论而不是灌输的方式，与赵太后共同研究"父母的爱，如何才算深远"的学术性问题，在这个过程中，将话题转移到长安君身上，并从为长安君根本利益考虑的角度进行分析，终于打动了赵太后。

自始至终，触龙没有一句话说要"让长安君作为人质"，他只是像剥洋葱一样，一层层深入赵太后的心，到最后，赵太后反而自己主动承认，让长安君为人质是目前最好的选择。

情感似水，道理如风，人心则是一座迷宫。道理和风一样，不会拐弯，只能笔直前进，虽然攻势猛烈，但总会被迷宫的墙挡住，找不到出口的位置。情感则像水，曲曲折折蔓延，虽然有时会走弯路，但是总能从出口流淌出去。

触龙的做法，就是"动之以情"的完美体现。他并不与对方硬碰硬，而是顺着对方的心理，因势利导，从对方的根本需求出发，建立在为对方服务的基础之上。就像是进入对方身体的一针疫苗，当对方的免疫系统发现疫苗有益无害后，自然会高兴接受，并大开绿灯，一路放行。

某次重要比赛上，一名国内顶尖跳高运动员在最后一跳前，为了激励他争冠，教练对他说："加油！跳过这两厘米，就能拿到金牌。把金牌拿回国，你就有奖励的房子了。"结果在"房子"所产生的压力和期待之下，该运动员产生了严重失误，与金牌擦肩而过。

而在1984年洛杉矶奥运会上，跳水王子洛加尼斯在冲击最后一跳前，身体出现了严重不适。教练对他说："你妈妈在家等着你，跳完这轮，你就可以回家吃你妈妈亲手做的小牛肉馅饼了。"结果洛加尼斯完成了完美的一跳,毫无争议地获得了冠军。

台湾著名的词作家陈玉贞,在大学时是不婚主义的新女性,虽然后来还是结了婚,但她坚持认为自己是个新女性,这一点从来没变过。

陈玉贞坦承自己很懒,而且没有灵感,交不出工作任务时,因为觉得很烦,所以经常摆出一副臭脸给她先生看。她先生工作很忙,下班后身心疲惫地回家,还要看陈玉贞的脸色,但他从来不以为意,看见房间乱糟糟的没有打扫,厨房里没有热腾腾的饭菜,也从来不会抱怨。

直到有一天,陈玉贞自己感到过意不去,主动问先生:"你为什么可以容忍一个老婆这样?"先生回答:"你用你的精力,去完成你自己的梦想就好了。"

陈玉贞不解,继续追问,结果得到了一个她每每想起都会觉得暖心的回答——"如果为了要做这些(家务)事,我只要找一个佣人就好了,我不需要老婆为做这些事情心烦。"

陈玉贞说:"我真的觉得,如果我有什么小小成绩的话,他占了非常大的功劳。这辈子做的最对的就是嫁给了这个先生,而且到现在都没有后悔过。"

说实话,"动之以情"应该是每个男生在恋爱过程中,除了主动上交银行卡、定期帮女友清空购物车之外,最应该学会的一招。因为你必须明白,情感攻势是对付女孩子的最有效武器，因为你永远不要寄希望于和她讲道理，其难度不低于教一头霸王龙学会吹口琴。

和女友闹别扭未必全是你的错，但是学不会用"动之以情"的招数哄得她破涕为笑，就是你的不对了。如果你觉得"今夜我不在乎人类，我只想你"这种话太过矫情，那么不妨记住以下这段源于《河东狮吼》里的台词并熟练应用。修行在个人，兄弟我也只能帮你到这里了——

从现在开始，
我只疼你一个，宠你，不会骗你，
答应你的每一件事情，我都会做到，
对你讲的每一句话，都是真话，
不欺负你，不骂你，相信你，
有人欺负你，我会在第一时间来帮你，
你开心的时候，我会陪着你开心，
你不开心，我也会哄着你开心，
永远觉得你最漂亮，做梦都会梦见你，
在我的心里，只有你！

职场实用指南之比较感动（下）

动词是一种能力

一、动词代表我的心

中国的语言表达非常神奇。最神奇的地方，或者可以说就在于它能把"高度模糊"和"无比精准"这看似对立的两个属性合而为一：有时候你说得严谨无比，正确无比，其实都是套话、废话；有时候你说得含糊无比，简单无比，却蕴含深意，富有余味。

这种神奇，带来了一个后果，就是中国人日常使用的动词会比较少。当然，我们也可以反过来理解，可能因为中文的动词比较少，而导致语言表达不容易精确，含义模糊容易出现理解上的歧义。

近些年这种神奇甚至达到了巅峰：我们只需要使用一个动词，就几乎可以包打天下！而且，这个神奇的动词，还只有一个字——

搞！

当然，我们要承认，有很多场景，不适合乱用动词，不能乱搞、瞎搞。但是，我跟你打赌，可以使用"搞"字的场景，绝对十倍于不能用这个字的场景。说一个"搞"字就能包打天下，有点言过其实；说日常工作生活，十有八九的情况它都能搞定，并不夸张。

"搞"字的流行，有其历史背景。勉强说来，它也可以算是战乱年代、困难时期的产物。季羡林先生在一篇文章中写道，他在（20世纪）40年代中期，经香港、西贡回国时，听到两个十分流行的词，一是"搞"，一是"伤脑筋"，很觉惊讶，说他在十一年前离国时，还从来没有听到这两个词。

据考证，此字是在抗日战争期间，由夏衍在桂林创造出来的，源于吴语方言的"搅"；后来慢慢流行开了，几十年愈用愈广、越来越流行，含义被不断丰富，适用范围也不断延伸，简直变得包罗万象、无所不能。

一"搞"定乾坤，这是现实的情况；常用汉字本来就不多，日常用语中动词使用得比较少，这也是客观的现象。但这不等于汉语没有动词可用，更不可把它作为不会用动词、用不好动词的理由。

其实，越稀缺的越珍贵，动词越少，善用它的价值就越高；用不好动词的人越多，善用它的人就越显得有力量、有担当。

动者，作也，有起立之意，行为之意，开始之意。"人生伟业的建立，不在能知，乃在能行。"见机而作，动不失时，从这个角度理解，不妨说：得动词者得天下。

邓小平讲话基本上没有形容词，简洁明了，全是大白话，并且很会使用通俗易懂的动词。孩子们问他长征是怎么过来的，他就讲三个字："跟着走。"问他在太行山坚持抗战做了些什么，回答只两个字——吃苦。

邓小平的忍耐力世间一流。别人问他怎么度过最艰难的日子，他总是用两个字——忍耐。"文革"开始，邓小平一家被下放到江西；1973年他从江西回京见到毛泽东，毛泽东问他这些年是怎么过来的，他也说了两个字——等待。

他经常讲："没有一股劲儿，没有一股气，就走不出一条新路。"于是，在决策创办经济特区的时候，他不惜使用了一句战争术语："杀出一条血路。"

这些话，说得很浅白；这些词，用得也普通；但是为什么就是这样反倒能打动人、影响人、激励人？因为这些词语，都是"用心之作"，所谓"动之以情"，动词用得好，其中一定体现了深刻的真情实感。

"为什么我的眼里常含泪水？因为我对这土地爱得深沉。"

你问我爱你有多深，动词代表我的心，切莫一"搞"定乾坤。

二、奔跑吧，兄弟！

有人说，累觉不爱。

其实，如果真的不爱，那绝对不会是因为累，而是因为无感，"无动于衷"。动词代表我的心，心中若无动词，无受想行识，自然心无挂碍，远离颠倒梦想，无爱无憎。反之，心若在，爱就在，那么你"让我悲也好，让我悔也好；让我醉也好，让我睡也好"，我只恨苍天不开眼了。

究其实质，动词体现的是一种意愿、一种行为、一种能力，恰如其分的动词，一定包含着动机，呈现了动态，迸发出动能。善用动词的人，有时是信手拈来，却能画龙点睛；有时是妙手偶得，顿时点石成金。这样的例子，古今中外，俯拾即是。

此间高下，关乎修为。我们干脆不妨说，动词是一种能力。

职场之中，当然不用每时每刻都字斟句酌，推敲苦吟——除非你是以文字为职业的专业人士。但也不能一点不讲究。比如，我们随便去看一个组织，去看它每个部门、每个员工写的计划、方案、报告、总结，你一定会发现，措辞中充满了诸如"梳理，整理，推动，推进，分析，调查，研究，讨论，沟通"这些"看起来很美"的空话、套话，说来说去，然并卵，你永远不知道，到底有谁会采取什么样的行动，最好能得到什么样的结果。

你再仔细看，还会发现，大家说这些话的时候，往往会省略主语。我们说话做事，不仅动词匮乏，而且主语欠缺，有意思吗？

有人说，不是要动词吗？有啊，我就经常问"为什么"。这远远不够。如果只问"为什么"，而不回答"怎么办"，那你为什么要问为什么？"为什么"侧重探究原因，属于发散思维；"怎么办"重在解决问题，要求不断整理、收敛、归纳。结果第一，为什么固然要问，怎么办更为关键。

有人说，不是要主语吗？有啊，我就总是说"我觉得""我以为"。这样的措辞其实不见得一定好。觉得、以为这两个词，都充满感性色彩；而"认为"这个词，则隐含了经过理性思考的含义。不同场合，应该使用不同的说法。基本上说，在工作场合以多讲"我认为"为宜。

要有主语、有动词。如果做到主语明确，动词精确，一句话就被你说活了。我不是说"春风又绿江南岸"，我是说"非诚勿扰"。

非诚勿扰，有主语吗？没有。但是，作为一档相亲节目，貌似主角是"孟非头上的虱子——明摆着"的吧？有主语（如果还不知道，那你猜），有动词，《非诚勿扰》必须火！

其实我不是说"非诚勿扰"，我是说"奔跑吧，兄弟！"有主语（就是你啊，兄弟！），有动词，《奔跑吧，兄弟！》必须火！

而且，《奔跑吧，兄弟！》这档节目，还不仅是一档明星真人秀，它更揭示了一个深刻的人生哲理。我们从小就被教育："孩子，在哪里跌倒，你就在哪里爬起来。"但从来没有人告诉我们，这句话还有第二季：孩子，你得"爬起来就跑！"

这几年，中国的乐跑族不断扩大，全马、半马、微马、晨跑、日跑、夜跑，导致有很长一段时间，你要不晒晒跑步都不好意思发朋友圈了。有人志在锻炼，有人志在交游；有人说这是中产阶级的思考方式，有人说这是中年危机的一种化解……

其实爱谁是谁，爱跑便跑，你我何必强作解人。如果一定要问跑步何以盛行，归根结底还不是因为"生命在于运动"。

岁月如流，人生如奔。

有些人愿意生活在过去，总惦着"去年今日此门中，人面桃花相映红"，对已发生的事情耿耿于怀。有些人希望活在当下，欣赏的是"何妨吟啸且徐行，也无风雨也无晴"，对现在的遭遇能做到若无其事。有些人追求与时俱进，崇尚的是"两岸猿声啼不住，轻舟已过万重山"，对未来满怀憧憬，志在超越，不停奔跑，一路向前。

到中流击水，浪遏飞舟。

峥嵘岁月，独立潮头，不亦快哉！

人生理当如此。

奔跑吧，兄弟！

> 后记

大风越狠,我心越荡

中国人的生活观,大体是唯物主义的,这一点中外皆知,毋庸讳言。奇怪的是,中国人的语言观,却确凿无疑是唯心主义的,而这一点,就未必那么众所周知了。

我们的语言,尤其是正式的、书面的语言表达,普遍存在一个现象,就是动词特别匮乏。这种现象不妨叫它"动词荒",再拔高一点,也可以叫做"无动于中"——就是"中文缺少动词"。

语言缺少动词,最多不过就是知行不一,知而不行,怎么就唯心了呢?

这是因为我们的"动词荒",在牵涉"心"这个对象时,剧情却出现了惊天反转！"心"之所在，动词不仅不缺，而且格外多——如果允许把某些两可之间的形容词也囫囵算到一块儿，那更加不得了！你看——

开心，关心；放心，安心；操心，担心

用心，倾心；有心，无心；离心，偏心

贪心，谈心；惊心，静心；随心，碎心；伤心，赏心，上心

舒心，恶心；动心，闹心；分心，齐心；劳心，修心；从心，违心；存心，失心；贴心，变心；当心，小心；多心，疑心；锥心，痛心

虚心，实心；细心，粗心；初心，野心；寒心，热心；冰心，铁心，花心……

再加上一个新版热词：走心。

完美！

我们语言观的这顶唯心的帽子，看来是带得妥妥的。

那么问题来了。

就这么一颗"心"，非得里里外外、翻来覆去、五迷三道地关照着，看得那么重，看得那么紧，有意思吗？

"身是菩提树，心如明镜台。时时勤拂拭，莫使染尘埃。"如此严防死守，轮番托市救市，最后守得住吗？托得稳吗？救得起吗？

然并卵。你越唯心，心越无唯，仿佛从全世界路过，一颗心却无处安放。试想，与"心"连着的动词越多，难道不恰恰说明我们有多么容易"动心"？

苏东坡参禅学佛，有一天自觉已经修到不动心的境界，

于是赋诗一首："稽首天中天，毫光照大千。八风吹不动，端坐紫金莲。"如此境界，得发朋友圈啊。赶紧，派人把诗送到金山寺给好朋友佛印禅师欣赏。佛印看过，不仅不点赞，而且在原诗上批了"放屁"两个字，给退了回去。苏东坡一看，整个人感觉都不好了，立马摇船渡江，来质问佛印："这是为什么呢？"佛印坏坏地笑着说：你不是"八风吹不动"吗？为什么会"一屁过江来"？

　　故事是后人杜撰编排的，但它实实在在揭示了一个真相：唯心主义的严防死守，很不靠谱。试想，一个屁字就把你打过了江，要是八风吹起，那得把你吹出去多远啊？

　　而且，我和你，男和女，为什么不可以有一点点动心，有一点点臭屁呢？

　　让心动。你不让它动，它自动。

　　风继续吹，我们不如心动，不如行动，不如听苏家小妹唱一首好歌曲——

　　　吹啊吹啊 无所谓 扰乱我
　　　你看我在勇敢地微笑
　　　你看我在勇敢地去挥手啊
　　　怎么大风越狠
　　　我心越荡